우리…사랑할까요?

우리...사랑할까요?

지은이 박수웅
초판발행 2004. 5. 4.
101쇄발행 2023. 10. 18.
등록번호 제 3-203호
등록된 곳 서울시 용산구 서빙고로65길 38
발행처 사단법인 두란노서원
영업부 2078-3333 FAX 080-749-3705
출판부 2078-3444
인쇄처 아트프린팅

▌책값은 뒤표지에 있습니다.
ISBN 89-531-0402-5 03230

▌독자의 의견을 기다립니다.
tpress@tyrannus.co.kr http://www.Durano.com

CCI 7

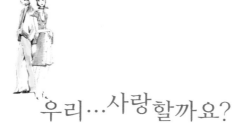

우리...사랑할까요?

두란노

contents

1부

Date

Sex 2부

3부

pain

4부

Marriage

김동호 (높은뜻 숭의 교회 목사)

"데이트와 성에 대한"
신앙적이고도 구체적인 안내서

　　　　　　　　　태어나서 처음 교회에 출석하는 어린 애기들을 안고 주일마다 기도를 한다. 축복의 기도다. 세상의 때는 고사하고 티도 묻지 않은 새 생명을 위해 축복하는 것이야말로 내가 누리는 또 하나의 특별한 축복이다.

　아기들을 위해 축복기도를 할 때 절대 빼놓지 않는 것이 있다. 이 아기가 좋은 사람을 만나게 해 달라는 축복이다. 좋은 사람을 만나는 것이야말로 행복한 삶을 위해 빼놓을 수 없는 하나님의 축복이라는 것을 알고 있기 때문이다. 그래서 같은 기도를 늘 나 자신을 위해서도 한다. 그리고 나는 그 축복을 지금까지 받으며 살아오고 있다. 박수웅 장로님도 그와 같은 나의 간절한 기도의 응답이다. 그분을 만나게 된 것이 내 생애 축복이라고 생각하기 때문이다.

　박수웅 장로님을 처음 만난 것은 10년 전쯤 KOSTA(코스타:유학생수련회) 집회 때였다. 코스타에서는 주로 세 가지 강의를 하시는데, 큐티 강의, 직업의 현장에 대한 강의, 이성교제에 대한 강의가 그것이다. 세 강의 모두 탁월하지만, 그 중에서도 이성교제에 대한 강의가 가장 탁월하다. 다른 분야는 몰라도 이성교제 특히, 성적인 문제에 대한 그분의 강의는 정말 타의 추종을 불허한다.

그것은 근거 없는 막연한 칭찬이 아니다. 박 장로님에게는 결혼한 두 아들이 있는데 두 아들 며느리가 모두 다 결혼 전 박 장로님에게서 성에 대한 아주 자세한, 그러면서도 매우 신앙적인 특강(?)을 듣고 나서 (박 장로님의 말씀에 의하면 그림까지 보여 주며) 첫날밤을 치렀다. 아들에게는 혹 몰라도 며느리에게 첫날밤의 성을 강의할 수 있는 시아버지는 세상에 박 장로님 밖에 없을 것이다. 둘째 며느리에 대한 특강은 첫째 며느리의 강력한 추천 때문이었다고 한다. 하여튼 대단하다. 상상을 초월하리만큼 대단하다. 나는 며느리는 고사하고 아들에게조차 이야기를 못 꺼내는데….

이런 장로님이 드디어 데이트와 성, 결혼에 관한 책을 내셨다. 나는 사랑과 성에 대해 박 장로님보다 더 구체적이고도 신앙적으로 글을 쓰실 수 있는 분은 쉽게 만날 수 없다고 생각한다. 데이트와 성, 결혼에 대한 구체적이고 신앙적인 가이드라인이 필요한 청년들과 그 같은 가이드라인을 청년들과 자녀들에게 제시해야 할 모든 부모와 지도자들에게 필독을 권한다. 아니 강권한다.

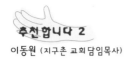
"상처받은 젊은 영혼들을 치유하는 책"

바야흐로 우리는 성 혁명의 시대를 살아가고 있습니다. 성을 실험할 수 있는 열린 기회는 넘쳐나고 성은 현대의 가장 큰 시장 중 하나로 자리매김하고 있습니다.

그런데도 현대인의 외로움은 깊어만 가고 성의 상처는 우리 삶의 기초를 뒤흔들고 있습니다. 참된 사랑을 만나지 못해서, 참된 가정의 비전을 상실해서입니다. 우리의 상처를 치유하기 위한 책들이 넘쳐나고 있지만 그 대부분은 피상적인 충고에 그치고 맙니다. 대부분의 책에서 갖고 있는 기본 전제가 우리의 성을 본래 창조하신 하나님의 관점에서 벗어나 있기 때문입니다. 그래서 우리의 갈등은 여전히 미완의 숙제로 남겨져 있습니다.

마취과 의사이자 수퍼 상담가인 박수웅 장로님은, 우리 삶의 최전선에서 상처받은 사람들과 만나는 것을 기뻐하십니다. 나는 코스타에서 그가 젊은 영혼들의 상처를 붙들고 밤을 지새우는 모습을 자주 보았습니다. 또 그와 상담을 끝내고 일어서는 젊은 영혼들의 얼굴에 번지는 희망을 목격했습니다. 그는 단순한 상담 이론가가 아니라 상담 실천가입니다. 동시에 젊은이들에게 비전을 던지는 비저너리 스피커입니다. 그의 가슴속에 감추어진 사랑의 이야기는 모두 성경과 삶의 현장에서 확인, 검증된 것들입니다. 그래서 그의 이야기에는 치유의 힘이 있습니다.

여기 실로 오랜만에 데이트에서 결혼까지 우리가 알아야 할 모든 것을 망라한 실천적 교과서가 탄생했습니다. 동시에 성의 음지에서 상처받은 영혼들을 치유하는 치유서요, 미래를 설계하는 청년들을 따뜻한 미소와 유머로 돕는 성경적 가정의학서가 탄생했습니다. 나는 성을 고민하는 젊은 영혼들에게, 결혼을 앞둔 젊은이들에게, 신혼여행을 떠나는 신혼부부들의 짐 가방 속에, 사랑하는 사람에게조차 열지 못하는 사랑의 기억으로 고통 받는 친구들의 손에 이 한 권의 책을 선물하고 싶습니다.

손경구 (임마누엘 휄로십 교회 담임목사)

"여러분, 사랑하세요"

박수웅 장로님은 향기로운 분입니다. 그분에게서는 예수님의 향기가 납니다. 예수님을 사랑하고, 예수님의 마음을 품으셨기 때문입니다. 가끔 하나님은 이 세상에 아주 탁월한 분을 내십니다. 그는 평생을 의사로, 가정사역 전문가로, 성교육을 통해 하나님을 섬겨 오신 분으로 성(性)과 성(聖)의 성경적 원리에 통달하셨습니다. 결국 박 장로님의 전문적인 의학 지식과 경험이 말씀과 성령의 충만함으로 만나서 「우리…사랑할까요?」라는 작품이 탄생한 것입니다.

이 책은 성(聖)스러운 성(性)에 대한 하나님의 선명한 기준을 제시해 주고 있습니다. 이성을 바르고 가치 있게 즐길 수 있는 성경적인 원리를 보여 줍니다. 간결하고 단아한 글의 이면에는 의학적 전문지식이라는 든든한 기초가 있습니다. 그런 점에서 신앙적인 이성교제와 성, 결혼에 대한 탁월한 지침서라 할 수 있습니다.

저는 이 책이 이성에 관심을 가지고 있는 모든 여우와 늑대들의 필독서가 되기를 바랍니다. 핑크 빛 환상이 깨지고 이상기류가 흐르기 시작한 부부나 그리스도 안에서 아름다운 가정 이루기를 소망하는 가족 그리고 신앙 안에서 자녀들의 바른 이성교제와 성교육에 대한 지침서를 찾는 부모에게도 추천하고 싶습니다.

시인 롱펠로우는 "바다에는 진주가 있고 하늘에는 별이 있다. 그리고 내 마음, 내 마음에는 사랑이 있다"고 말했습니다. 성경은 하나님을 사랑이라고 말씀하십니다. 사랑의 하나님은 우리의 마음에 사랑이라는 가장 아름다운 선물을 주셨습니다. 청년여러분, 이 책을 통해 부디 참된 사랑의 가치를 찾으시기 바랍니다.

우리…사랑할까요?

결혼은 사랑을 통해 두 사람 안에 있는 성소를 증거하는 관계다.

− 헨리 나우웬 −

여는 글

"청년들과의 만남, 집회만으로 그칠 수 없었습니다"

　　　　　　　　　　나는 아직 청년입니다. 그래서 더욱 청
년들 속에서 사는 것이 좋고 감사합니다. 청년들의 고민과 즐거움을 듣고
있으면 그 얘기가 곧 내 얘기인 것만 같습니다. 그들과 대화를 나누면서 결
코 세대 차이를 느껴본 적이 없습니다. 장로의 입장에서 얘기하기보다는 형
이나 친구 된 입장에서 얘기할 때가 많습니다. 그도 그럴 것이 나는 청년들
과 지내는 시간이 다른 이들과 지내는 시간보다 훨씬 많습니다. 1년에 9개
월 이상 전 세계를 다니며 청년 집회를 인도하면서 수도 없이 많은 청년들
을 만나기 때문입니다. 어쩔 때는 1주일 사이에 아메리카에서 아시아로, 아
시아에서 유럽으로 건너가기도 합니다. 그러나 그런 나의 여정 때문에 피곤
하다고 느낀 적은 한 번도 없습니다. 나 스스로가 즐겁기 때문입니다. 감사
하기 때문입니다. 이때를 위해, 전 세계에 흩어진 우리 청년들과의 만남을
위해 하나님께서 나를 준비시키시고 이끌어 오셨다는 확신이 있기 때문입
니다. 그래서 나는 한국에 도착해도 바로 그 다음날부터 집회를 엽니다. 그

러면 주위에서 걱정합니다.

"장로님, 아직 시차 적응도 안 되셨을 텐데, 괜찮으시겠어요?"

그러면 나는 이렇게 대답합니다.

"그럼요. 몸도 청년인 걸요."

하나님께서 나에게 건강을 주신 이유도 청년들과 자주, 많이 만나게 하시기 위함이라 생각합니다. 그래서 청년들과의 만남을 집회만으로 그칠 수 없었습니다. 집회 중간 중간에 있는 쉬는 시간도 숙소에 돌아와 혼자 보내기가 너무 아까웠습니다. 그때는 청년들과 개인 상담을 가졌습니다. 혼자 숙소에 찾아와 비밀 상담을 요청하는 청년, 친구들과 우르르 몰려와 상담하는 수십 명의 청년들…. 그때마다 동행했던 아내는 함께 상담을 하다가 한쪽 구석에서 웅크려 자기도 하지만, 나는 밤새는 줄 모르고 그들과 이야기를 나눕니다. 누구에게도 털어놓지 못했던 그들의 이야기들이 쏟아질 때에 성령께서 얼마나 세밀하게 터치하시는지…. 어느덧 가슴속에 웅크려 있던 어두운 영들이 떠나고 성령 안에서 새롭게 태어난 청년들의 얼굴빛은 동틀 무렵 떠오르는 햇살처럼 화사해집니다.

청년들에게 상담을 해 주면서 청년들의 가슴속에 가장 많은 열정과 고민과 방황의 요소를 던져 주는 것이 바로 '이성교제' 라는 사실을 알았습니다.

그 중에서도 '성'문제는 청년의 때에 풀어야 할 가장 큰 숙제이자 갈망이었습니다. 이 사실을 발견하면서 나는 하나님께서 인도해 오신 삶의 순간들을 돌아보았습니다. 아주 오래 전부터 캠퍼스에서 우연찮게 시작했던 성 상담, 의사로서 가진 생리학적 지식을 바탕으로 한 복음적이고 성경적인 성에 대해 청년들과 나누기 시작했던 일, 결혼 직전의 아들, 며느리를 불러다 놓고 성 강좌를 열었던 일, 데이트하던 젊은 시절, 아름다운 데이트를 위해 하나님께 기도하던 일…. 그 모든 일이 청년들을 더욱 효과적으로 섬기기 위한 하나님의 의도적인 인도하심이라는 생각이 들었습니다. 그 순간 청년 시절의 데이트와 성, 사랑의 상처와 극복, 아름다운 결혼에 대한 실제적인 이야기들을 책으로 엮어 더 많은 청년들과 나누고 싶다는 소망이 생겼습니다.

배우자 선택과 만남에 대한 문제는 주님을 만나는 일 다음으로 가장 중요한 문제이기에 청년이라면 누구나 고민하고 기도할 것이라 생각합니다. 또한 청년들에게는 이 문제에 대해 아무에게도 털어놓지 못한 가슴속의 비밀들이 있을 것입니다. 나는 아침이슬 같은 주의 청년들이 이 책을 읽는 동안 어느덧 그 아픔의 그늘 속에서 벗어나기를 소망합니다. 하나님께서 각자의 생에 허락하실 멋진 데이트와 아름다운 성, 행복 가득한 가정을 기대하며 기도할 수 있기를 바랍니다. 이 책이 이성교제에 대한 이론서가 아닌, 청년들과 함께 마주앉아 이야기를 나누는 사랑방이 되기를 소망합니다. 그래서 청년 한 사람 한 사람과 마주앉아 밤이 새도록 이야기를 주고받는 심정으로 써 내려갔습니다.

이 책이 잘 나올 수 있도록 이번에도 변함없이 수고해 주신 두란노 편집진 여러분들과 코스타에서 동역하는 이동원 목사님, 김동호 목사님, 전병욱 목사님, 만날 때마다 영적인 풍성함을 더해 주시는 손경구 목사님께 감사의 말씀을 전합니다. 무엇보다 해외 집회 때마다 동행해 주고, 인생의 모든 여정을 아름답게 빛내 준 아내에게 감사와 사랑한다는 말을 전합니다.

−박수웅

데이트··· 만남, 그 설렘이란

>>> 1부

Date

이성을 알아야
인생을 안다

나는 여자가 좋다(?)

나는 집회를 다닐 때마다 강단에 서서 이런 말을 합니다.

"여러분, 나는 특별히 여자를 좋아합니다. 나는 여자가 참 좋아요."

그러면 회중이 청년일 경우는 "와~" 하고 좋아하고, 장년일 경우는 멀뚱멀뚱 쳐다봅니다. '아니, 어떻게 강단에서 저런 말을 할까?' 하는 눈빛입니다. 이런 다양한 반응 앞에 나는 웃으며 말합니다.

"내가 여자를 좋아하는 것도 은혭니다. 남자를 좋아했어 봐요. 어떻게 될 뻔 했어요?"

나의 이 한마디에 모두들 웃음을 터트립니다. 비록 우스갯소리지만, 우리가 이성을 좋아하는 것이, 이성에게 관심이 가는 자연스런 현상이 얼마나 큰 축복인지를 모르고 사는 것 같아 던진 말입니다.

이성교제의 부정적인 측면이 부각되면서 교회 안에서는 자신이 건강한 남자, 건강한 여자라는 사실을 숨기며 살아갈 때가 많습니다. 여자를 좋아하는 남자에게는 '플레이보이'라 손가락질하고, 남자를 좋아하는 여자에게는 '요부 같다'고 수군거립니다. 그런 형제나 자매가 가진 건강한 모습을 긍정적으로 바라보며 이성교제의 아름다운 방향을 지도해 줄 생각은 하지 않고 조신하지 못하다는 측면만을 내세워 손가락질하기에 바쁩니다.

심지어 교회 공동체는 하나님께 예배드리는 곳이라며, 교회 내 교제를 허용하지 않는 교회도 아직 많습니다. 파릇파릇한 젊은이들은 그런 분위기에 적응하느라 교회만 오면 점잖은 중년이 되어 버립니다. 이성교제에 어느 정도 열려 있다는 가정에서조차 한 교회 안에서는 절대 교제 상대를 찾지 말라고 당부합니다. 결혼이 확정되지 않은 이상, 모든 데이트는 헤어질 빌미가 있는 까닭에 서로 사귀고 좋아하고 헤어지는 모든 과정이 공동체에 덕이 안 될 뿐더러, 결국 자신에게도 해로 작용한다고 생각하기 때문입니다.

이것은 어른들이 아름다운 이성교제의 방향을 제대로 제시해 주지 못한 데서 오는 결과입니다. 크리스천들의 이성교제를 때에 맞게 지도하고 기도해 주는 것이야말로 부모의 책임인데 일단 무조건 윽박지르고 봅니다.

"얌전히 있다가 좋은 사람 만나 시집이나 가라."

요즘 세상에 얌전히 있다가 좋은 사람 만나 시집갈 수 있습니까? 벌써 다 놓치고 맙니다. 신실한 형제들 혹은 자매들은 일찌감치 자기 짝 만나서 결혼합니다. 얌전히 있다 보면 어느덧 서른이고, 마흔입니다. 우리 청년들은 이제 적극적으로 배우고 수용해야 합니다. 어떻게 이성에게 접근해야 하는지, 한 공동체에서 만나 사귀는 것이 얼마나 큰 축복인지, 데이트는 어떻게 해야 하는지, 배우자상은 어떻게 정립하는 것인지, 가정을 이루는 것이 무엇인지, 남자로 살아가는 것이, 한 여자로 살아가는 것이 무엇을 의미하는지….

우리 인생의 가장 큰 축복 가운데 하나는 배우자를 만나는 축복입니다. 배우자를 만나 어떤 가정을 이루느냐에 따라 인생이 아름다워지기도, 추해지기도 하기 때문입니다. 따라서 우리는 적극적으로 가정을 설계해야 하고, 그 설계의 첫 작업인 이성과의 만남을 매우 가치 있게 보아야 합니다. 교회 어른들 역시 이를 위한 세밀한 기도와 지도를 해 줄 수 있어야 합니다. 청년 여러분, 이성과의 만남이야말로 축복된 인생으로 가는 통로임을 잊지 마십시오.

이성을 잘 사귀는 사람?

일 년에도 수십 차례 세계 각처로 집회를 다니는 나는 청년들과 별의별 상담을 다 해 봤습니다. 대부분은 그 누구에게도 털어놓지 않은 내용들인데, 이성교제를 하면서 겪는 그 복잡 미묘한 일들이 많은 청년들을 축복 혹은 실족으로 이끌고 있음을 알게 되는 시간입니다. 그때마다 나는 그들과 함께 울고 기도하면서 성령께서 지도하시는 미세한 음성을 듣습니다.

한번은 이런 상담을 한 적이 있습니다.

"장로님, 저는요 좋아하는 여자도 있었고, 사귀고 싶은 여자도 있었는데 도대체가 연결이 되질 않습니다. 제가 매력이 없는 건지, 아님 아직도 때가 안 된 건지, 뭐가 있어야 가정을 설계하든지 말든지 할 텐데, 저는 정식으로 데이트란 걸 별로 못 해 봤습니다. 어떻게 여자에게 접근해야 하는지도 잘 모르겠고요."

어떤 자매는 이런 말도 남겼습니다.

"남자들이 제게 다가오질 않아요. 그렇다고 제가 먼저 다가갈 수도 없고. 어떤 친구는 자기를 좋아하는 남자가 너무 많아서 탈이라는데, 저는 너무 없어서 탈이에요. 언제까지 기다려야 할까요?"

또 한 청년은 이렇게 상담해 왔습니다.

"이상해요. 저는 데이트를 성공적으로 이끌어 본 적이 없어요. 몇 번 만나다 보면 꼭 문제가 생겨 싸워요. 그래서 난 여자랑 잘 안 맞나 보다, 이런 생각이 들고요. 평생 혼자 살아야 하는 건 아닌가 싶기도 해요."

청년들의 이런 고민을 들을 때마다 나는 대략 두 가지로 답을 찾아봅니다.

원하는 이성과 데이트를 시도하고 싶지만 잘 되지 않는 경우의 첫째 원인은 '자기 자신'입니다. 매력이 없어서가 아니라 하나님께서 주신 자신의 매력을 어필할 줄 모르는 것입니다. 매력 없는 사람은 이 세상에 단 한 사람도 없습니다. 하나님께서 주신 각각의 독특한 매력이 우리 모두에게 흘러넘칩니다. 장미꽃의 화려함만이 매력이 아닙니다. 들국화의 소박함을 좋아하는 사람은 장미보다 백합보다 들국화를 더 사랑합니다. 소나무의 청정함만이 돋보이는 자연이 아닙니다. 가을에 가장 화려하게 물들었다가 색이지는 단풍나무만을 지독하게 좋아하는 사람도 얼마나 많은지 모릅니다. 그런 사람은 정원에 꼭 단풍나무만을 심습니다. 키 작은 나무를 좋아하는 사람도 있고, 키 큰 대나무를 좋아하는 사람도 있습니다. 이 모든 것은 필요하기 때문에, 각각의 아름다움이 있기 때문에 이 세상에 존재합니다.

우리 모두에게도 이런 각양각색의 매력이 있습니다. 문제는 각자에게 있는 그 아름다운 모습을 자신 있게 표출하지 못한다는 것입니다. 왜 그럴까요? 상처 때문에 그렇습니다. 수많은 상처로 인해 자신의 아름다운 모습을 숨기고 있기 때문입니다. 그 상처로 인해 내가 누구인지, 내가 얼마나 사랑스러운 사람인지를 알지 못하고, 자신감도 없습니다. 그래서 나는 데이트, 성, 결혼, 인생에 관한 이야기를 하기 전에 먼저 자신의 상처를 바라보고 그 상처를 어떻게 극복하여 사람들 앞에 나설 것인가부터 말하려 합니다.

상처로 얼룩진 영혼

사람은 수많은 상처를 안고 살아갑니다. 상처는 잘만 극복하면 성장과 성숙에 좋은 약이 되지만, 영혼 속에 그대로 품고 있으면 자신을 파괴하는 독소가 됩니다. 그 독은 결국 자신을 망치고 타인도 망치는 결과를 가져옵니다. 즉 하나님께서 만드신 아름다운 형상을 파괴하고 가면을 쓴 자아의 모습으로 나타나 인간관계마저 파괴합니다.

그렇다면 자아와 인간관계의 파괴를 가져오는 심각한 상처에는 어떤 것들이 있을까요?

1. 어머니 왜 나를 버리셨나요?

거절감을 안고 살아가는 영혼은 늘 괴롭습니다. 이 거절감은 본래 우리 인간이 태어나면서부터 갖는 감정이기도 합니다. 인간이 어떻게 태어납니까? 죄인으로 태어납니다. 인류의 조상 아담이 하나님께 죄를 짓고 에덴에서 추방당했기 때문입니다. 아담이 하나님 아버지께 거절당했기 때문입니다. 그 아담의 씨로 태어난 우리 인간은 태어나면서부터 이런 거절감을 안고 태어납니다. 하나님 아버지께 버림받았던 상흔을 안고 태어나는 것입니다.

또한 인간은 이 세상에 태어나는 순간 모태로부터의 분리를 경험합니다. 가차 없이 탯줄을 잘림으로 어머니에게서 분리되는 일을 겪어야 합니다. 그래서 어머니는 빨리 젖을 줘 아이의 상처를 어루만져 줘야 합니다. 그러면 아이는 잠시 상처를 받았지만 어머니의 젖을 통해 회복의 역사를 경험합니다. 안정된 심령으로 돌아오는 것입니다. 그러나 요즘은 어떻습니까? 거의 모든 아기가 태어나자마자 아기수용소 같은 신생아실에 안치되는 세상입니다. 아기들은 "어머니, 왜 나를 버리셨나요?"라는 절규와 함께 간호사가 주는 분유병만 들여다보고 있습니다. 거기다가 동생이 태어나면 또 한 번의 거절감을 느껴야 합니다. 동생이 남자일 경우 첫째 여아가 받는 거절감은 더욱 심합니다.

이런 거절감은 시간이 흐르면서 우울증으로 변합니다. 한국 여성들에게 우울증이 많은 이유가 여기에 있습니다. 뿌리 깊은 남아선호사상 때문에 여성들이 영아기부터 심한 거절감을 겪고, 그로 인해 우울증이 발생하는 것입니다. 오빠나 남동생을 편애하는 가정에서 자란 여성일수록 이런 우울

중에 시달리는 경우가 많습니다.

　우울질의 경향을 지닌 모세가 이 경우에 속한 사람이라 할 수 있습니다. 물론 우울질이 곧 우울증과 연결되는 것은 아니지만, 모세는 어려서부터 심한 거절감을 겪은 사람이라는 점에서 거절감의 상처를 지닌 대표적인 사람으로 볼 수 있습니다.

　거절감을 극복하지 못한 경우, 대부분의 인간관계는 나빠질 수밖에 없습니다. 이성교제의 경우는 더욱 그렇습니다. 누군가와 자신 있게 만나지 못합니다. 거절당할 것에 대한 두려움, 깊은 우울증 등으로 자칫 자폐적인 사람이 되기 쉽습니다. 밝음, 명랑함, 따뜻함과는 거리가 먼 사람이 되기 쉽습니다.

2. 누구든 건드리기만 해 봐!

　분노감은 권위로부터 부적절한 대우를 반복적으로 받았을 때 발생합니다. 자신은 크게 잘못한 일이 없는데 아버지에게 계속 야단을 맞은 일과 같은 억울한 일을 겪을 때 나타나는 감정입니다. 학창 시절, 최선을 다해 노력했지만 1등을 하지 못했을 때 부모의 비난을 받는다면 바로 이 분노의 감정에 휩싸입니다. 또 "고래 싸움에 새우등 터진다"는 말처럼, 결손가정에서 자라며 부모의 화풀이 대상이 될 때 분노감이 누적됩니다.

　분노감에 휩싸인 영혼은 언제나 불안합니다. 조금만 건드려도 터질 듯합니다. 때문에 아무도 이런 사람을 가까이하려 하지 않습니다. 성경에 나오는 가인이나 요나 같은 사람입니다. 잘못하면 분노를 폭발적으로 표출하기 때문에 굉장한 위험성이 있습니다. 이런 사람은 조그만 일에도 쉽게 상처를 받고 예민하게 반응합니다. 그러면서도 자신의 상처를 인정하지 않는 모습 때문에 자만심이 높은 사람처럼 보입니다. 괴변이나 언어폭력도 심한 편입니다. 그런데 이 감정에서 비롯된 우월 의식이야말로 인간관계를 파괴합니다. 이성 간에는 이런 모습이 간혹 매력적으로 보일 때도 있지만 곧 신뢰가 깨짐으로써 사귐 자체를 어렵게 만듭니다. 늘 분노할 준비가 되어 있는 까닭에 결혼한 후에도 툭하면 부부싸움을 합니다. 반드시 주님 안에서 해결 받아야 하는 감정입니다.

3. 사랑받을 수만 있다면…

흔히 말하는 '애정결핍증'으로, 어려서 부모한테 사랑 받지 못한 자녀나 고아, 결손가정의 자녀에게 많이 나타나는 증상입니다. 이런 사람은 언제나 외톨이로 자랐을 가능성이 많습니다. 사랑을 흡족히 받은 기억이 별로 없습니다.

성경에서는 야곱의 경우입니다. 야곱의 아버지는 에서만 사랑했습니다. 물론 야곱은 어머니의 사랑을 받았지만 남자로서 아버지의 사랑도 필요로 했습니다. 어려서 받는 아버지나 어머니의 사랑은 다른 어떤 것으로도 대체할 수 없는 사랑입니다. 어머니와 아버지의 사랑을 골고루 받은 사람의 정서는 안정감 있게 자라도록 설계되어 있습니다. 그런 점에서 편애는 보이지 않게 자식을 죽이는 독약과도 같습니다. 야곱은 술수를 써서라도 자신이 원하는 것을 얻어내는 사람으로 성장합니다. 아버지의 사랑과 축복을 얻어내기 위해 팥죽으로 형의 장자권을 사고, 손에 양가죽을 붙이는 속임수도 감행합니다. 이뿐입니까? 자신이 사랑하는 라헬을 얻기 위해 삼촌 라반의 집에서 20년을 하루처럼 보내기도 합니다. 야곱은 굉장한 집착을 지닌 사람이 되었습니다.

이처럼 애정결핍증을 지닌 사람은 자신에게 사랑을 주는 사람에게 모든 것을 다 주려고 합니다. 모든 것을 다 가진 부잣집 딸이 조직폭력배에게 빠져 집을 나가 버리는 경우도 이것과 관련이 있습니다. 설사 조직폭력배라 할지라도 만족스러울 만큼의 사랑을 주는 사람을 포기하는 법이 없습니다. 한 번도 느껴보지 못한 사랑을 그 사람에게서 받았기 때문에 모든 것을 버리고서라도 그 사랑을 지키려 합니다. 사랑을 주는 그 남자에게 몸도 마음도 다 바칩니다.

이단에 잘 빠지는 사람 중에도 애정결핍증을 지닌 사람이 많습니다. 언젠가 모 교수님께서 하신 간증으로 이런 사실을 확인할 수 있었습니다. 그분은 어려서부터 아버지의 사랑을 받지 못한 탓에 늘 마음 한구석에 채워지지 않는 허전함이 있었다고 합니다. 그런데 이단 집단을 한 번 접하고, 그들의 선의와 친절에 그만 마음을 다 뺏겨 버렸다고 합니다. 애정결핍증은 이렇게 심각한 결과를 가져옵니다. 각종 중독증에 잘 걸리는 사람들도 대부분 애정결핍증에 시달리고 있습니다. 허전한 마음을 마약, 섹스, 노름, 술로 채우려 하기 때문입니다. 이런 사람은 이성교제를 할 때도 스토커와 같은 수준의 집착을 보이거나 쉽사리 위험한 사랑에 빠져 듭니다. 이성교제가 잘 될 때는 모든 것에 지나치게 긍정적이었다가 이성교제가 안 될 때는 지나치게 비관적입니다. 이성에 대한 집착이 보통 사람보다 더 강합니다. 상대방을 구속하려 하거나 너무도 헌신적이어서 부담감을 안겨 줍니다. 결혼 후에는 의부증, 의처증을 보일 확률도 높습니다.

4. 어떻게 하면 살아남을까?

두려움의 감정에 휩싸인 사람들은 어려서 부모의 싸우는 모습을 많이 보고 자랐을 확률이 큽니다. 늘 싸움만을 보고 자란 아이는 내면에 두려운 마음이 가득합니다. 두려움이 그 자신을 지배하다 보니 모든 인간관계가 좋을 리 없습니다. 두려움은 분노감보다도 한 단계 더한 상처라 볼 수 있습니다. 분노를 느낄 힘도 없는 것이 두려움의 감정이기 때문입니다. 그저 무섭고 두려워서 문제를 헤쳐 나갈 엄두도 못 냅니다. 이런 사람은 문제를 만나면 멈추거나 도망가는 수밖에 없습니다. 문제가 생겼다는 것은 곧 세상이 끝났다는 것을 의미합니다. 따라서 매사에 지나치게 눈치를 살피고 자신을 나타낼 줄 모릅니다. '어떻게 하면 살아남을까?' 이것이 두려움의 감정에 휩싸인 사람이 지닌 삶의 명제입니다. 일단은 살아남아야만 분노도 느낄 수 있기에, 이 모습이야말로 스스로의 존귀함을 잃어버린 자아입니다.

이런 사람은 사랑하는 사람과의 데이트에서도 무조건 상대방에게 맞추려고만 합니다. 상대방의 기분과 감정 상태, 분위기, 상황에 무조건 맞추려고 하다 보니 정작 자신이 원하는 것이 무엇인지는 알지 못합니다. 혹 관계가 깨어질까, 상대방의 기분이 상할까를 염려하면서 인간관계를 이어 갑니다. 모든 인간관계가 짐으로 느껴집니다.

5. 지 까짓 게 뭔데!

"네 형 좀 봐라. 얼마나 똑똑하고 야무지니?"

"네 동생 좀 봐라. 저렇게만 해 봐라. 내가 잔소리하겠니?"

"너는 왜 그렇게 눈이 단추 구멍만 하냐?"

"너는 참 옷 입는 감각도 없다. 어디서 이런 못난이가 태어났을까?"

어려서부터 여러 종류의 비교를 당하며 자란 아이들은 열등감에 시달립니다. 많은 한국인들이 열등감을 지닌 채 살아가는 것과 한국의 사교육 바람이 어느 나라보다 거센 것도 이런 맥락에서 이해할 수 있습니다. 자기 자식에게만은 비싼 명품 옷을 입히고, 피아노, 영어 등을 가르치고, 일류대학에 진학시키려는 것들이 따지고 보면 부모의 열등감에서 비롯된 일이기 때문입니다. 이런 사람들은 언제나 현실에 있는 자기 자신을 받아들이지 못하고 상상 속에서 이상형의 자아를 만들어 놓은 채 거기에 못 미치는 자신의 모습 때문에 고통스러워합니다. 늘 자신은 부족하고 바보스럽다고 생각합니다.

사울 왕이 이런 사람이었습니다. 그는 키도 크고 얼굴도 준수했습니다. 많은 이들의 사랑도 받았습니다. 그런데 그의 인생을 바꿔 놓는 결정적인 사건이 있었습니다. 다윗의 출현입니다. 다윗의 출현으로 사울의 생애는 망가지기 시작합니다. 다윗이 블레셋 사람을 죽이고 돌아올 때에 백성들은 "사울은 천천이요, 다윗은 만만이다"는 말로 다윗의 공로를 치하했습니다. 이 말을 들은 사울은 심한 열등감에 다윗을 죽이려는 음모를 세우기 시작했습니다. 다윗 때문에 뭉개진 자신의 자존심이 다윗만 없어지면 회복되리라 생각했습니다. 만약 이때 사울에게 열등감이 없었다면 역사는 어떻게 흘러갔을까요? "사울은 천천이요 다윗은 만만이다"는 백성들의 아우성에 사울이 왕다운 배포를 보여 주며 다윗을 세워 주고 높여 주었다면 사울의 자존심이 더 망가졌을까요? 그렇지 않습니다. 백성들은 그런 사울을 더 존경했을 테고, 다윗 또한 목숨을 바치는 충성을 드렸을 것입니다.

열등감은 사람을 공격적으로 바꾸어 놓습니다. 상대방을 높여 주고 칭찬해 주는 아량을 보일 줄 모릅니다. 남을 깎아 내림으로써 자신이 높아지려는 우월감을 나타냅니다.

"쟤는 저것밖에 못 해. 나 같으면 저렇게 안 산다."

열등감에 사로잡힌 사람은 마치 시계추 같아서 열등감 쪽으로 갔다가 우월감 쪽으로 가는 삶의 반복을 나타냅니다. 때로는 비열하고 비참한 심정에 젖었다가 때로는 우월감에 젖어 지냅니다. 사울도 다윗에 대한 자신의 열등감을 "다윗, 지 까짓 게 뭔데!"라는 우월감으로 표출시켰습니다. 이런 마음 상태는 자신을 매우 힘들게 할 뿐만 아니라 감정의 굴곡이 심하기 때문에 타인에게도 편안한 상대가 되어 주지 못합니다.

이런 우월감과 열등감의 반복적인 순환은 이성과의 만남도 축복이 아닌 저주로 이끕니다. 이성이 하는 행동이나 말을 있는 그대로 받아들이지 못하고 열등감이라는 틀로 받아들이기 때문에 오해를 하거나 사기에 바쁩니다.

6. 하나님도 이것만은 용서하지 않을 것이다

죄책감은 자아가 강한 사람들이 많이 갖고 있는 상처입니다. 자아가 강하다 보니 하나님의 은혜를 은혜로 받아들일 줄 모릅니다. 모든 것을 자기식으로 판단합니다. '이것만은 하나님께서도 용서하시지 않을 것이다. 말이 은혜지, 이런 일까지도 은혜로 용서해 주실 리가 없어'라고 스스로 판단, 그 판단만을 굳건하게 믿습니다. '나 같은 사람은 차라리 교회에 안 나가는 게 오히려 양심적인 일이야. 이렇게 살면서 어떻게 예배당에 가서 버젓이 앉아 있을 수가 있어' 심지어 이렇게까지 결론을 내립니다. 그러나 이것은 사탄의 참소에 넘어가는 일입니다. 예수 그리스도의 보혈의 용서를 진심으로 받아들이지 못하기 때문에 늘 죄책감에 시달리는 것입니다.

꽹장히 양심적인 태도 같지만 사실은 이것이야말로 가장 교만한 태도입니다. 하나님께서 용서하시는데, 내가 나를 용서하지 못한 채 죄책감에 시달린다면 그것이야말로 나를 하나님보다 높은 자리에 두고 있다는 증거가 아니겠습니까? 윤리나 도덕 등의 세상적인 잣대를 하나님의 잣대보다 높게 두고 있다는 증거입니다.

이런 사람들은 대부분 복음을 잘못 배운 사람들입니다. 혹은 율법적인 환경에서 자란 나머지 완벽주의적 생활 습성이 몸에 밴 사람들입니다. 완벽주의의 잣대로 자신을 바라보니 형편없는 모습만 보이고 자연히 죄책감에 사로잡힐 수밖에 없습니다.

그런 잣대를 지닌 사람은 이성교제를 하면서도 사탄의 참소에 걸려들 가능성이 높습니다. 아예 이성교제 자체를 죄악시하든지, 이성교제를 하다가 죄책감에 사로잡혀 교회를 떠나버리든지 둘 중 하나를 택합니다. 칼같이 예수님을 믿든가, 칼같이 예수님을 떠나든가 하는 극단적인 성향에 노출됩니다. 그리스도인이라면 은혜 안에서 생활하는 참자유인으로 살아야 합니다. 그리스도의 보혈을 의지하여 '죄책감'으로부터 벗어나야 합니다.

깨진 안경알을 갈아 끼우려면

지금까지 살펴본 것은 우리의 정체성을 왜곡시키는 여섯 가지 감정 상태입니다. 여러분은 어떻습니까? 이 중 몇 가지의 상처를 갖고 있습니까?

아마 정도의 차이는 있겠지만 부분적으로 조금씩은 다 갖고 있을 것입니다. 우리 모두는 치유 받아야 할 사람들입니다. 이런 감정 상태를 치유 받을 때 영적 전쟁에서 이길 수 있고, 아름다운 이성교제를 통해 행복한 가정을 꾸릴 수 있습니다.

그렇다면 어떻게 해야 우리 마음의 병을 치유할 수 있을까요? 인생의 모든 문제는 결국 영적인 문제로 귀결됩니다. 영혼의 문제와 직결됩니다.

"우리의 씨름은 혈과 육에 대한 것이 아니요 정사와 권세와 이 어두움의 세상 주관자들과 하늘에 있는 악의 영들에게 대함이라"(엡 6:12).

이 말씀은 우리의 상처를 치유하시고 우리를 이기게 하시는 분이 성령님이심을 말해 주고 있습니다. 그렇습니다. 우리 크리스천은 모든 문제를 성령 안에서, 은혜 안에서 해결해야 합니다. 주님의 십자가 아래서 해결해야 합니다. 그럴 때 자유함을 얻고 새롭게 태어나는 우리 자신을 발견할 수 있습니다.

먼저 나 자신에게 이런 문제가 있다는 사실을 겸손하게 인정하십시오. 인생에서 일어나는 많은 문제들을 바라보며 그 원인을 다른 사람에게 떠넘기지 마십시오. 내게 있는 분노의 감정, 거절감의 감정 때문에 생겨난 일임을 인정하십시오. '내가 날카로웠구나. 내가 공격적이구나. 내가 과민하구나. 아직 나는 내게 있는 거절감의 상처를 극복하지 못했구나'라고 인정하십시오. 상처를 준 쪽은 타인이지만 그 상처를 수용한 쪽은 나 자신입니다.

문제의 궁극적인 책임이 부모나 타인에게 있는 것이 아니라 나에게 있음을 인정하는 데서 해결의 실마리를 찾을 수 있습니다.

그런 후에 반드시 이 상처를 치유하겠다는 소망을 품으십시오. 문제를 아는 분은 하나님이십니다. 이 문제를 통해 나를 더욱 다듬으시고 쓰시려는 하나님의 의도로 받아들인다면 이미 문제는 나에게서 떠나기 시작합니다. '왜 나는 이런 인간일까?', '나는 왜 이렇게 재수가 없을까?' 이렇게 불평하기 시작하면 문제는 더욱 커집니다. 하나의 도자기가 빚어지기 위해서는 1000도가 넘는 온도에서 단련되는 과정이 동반된다는 단순한 원리를 떠올리십시오. 귀한 것일수록 대가를 치러야 합니다. 가을 열매는 가을에 불쑥 맺히는 게 아닙니다. 겨울의 북풍한설을 견디고 봄의 햇살 아래 싹을 틔웠다가 한여름의 뙤약볕과 모진 태풍을 견딘 후에, 비로소 열매를 맺습니다. 꿈을 이루기 위해 대가를 치러야 하듯이 성숙한 사람, 하나님께서 쓰시는 사람이 되기 위해서는 반드시 훈련 과정을 거쳐야 합니다. 하나님께서는 우리를 훈련하시되, 우리의 상처와 아픔을 통해 훈련하십니다. 그러므로 우리에게 있는 거절감과 분노, 죄책감, 두려움, 애정결핍증, 열등감 등의 상처는 우리를 하나님께로 이끄는 좋은 통로가 될 수 있습니다. 상처 자체는 독이 되지만, 그것을 들고 하나님께로 가면 더욱 성숙한 사람이 될 수 있습니다.

성경에 나오는 모세나 다윗, 바울도 이런 문제를 갖고 있던 사람이었습니다. 그러나 그들은 그 문제를 통해서 성숙한 사람으로 변화되었습니다. 상처와 아픔에서 비롯된 고난도 결국 예수 그리스도를 닮아가는 통로이자 축복으로 변할 수 있다는 사실을 우리는 이들에게서 봅니다.

"고난당하기 전에는 내가 그릇 행하였더니 이제는 주의 말씀을
지키나이다"(시 119:67).
"고난당한 것이 내게 유익이라 이로 인하여 내가 주의 율례를 배
우게 되었나이다"(시 119:71).

내게 있는 상처와 아픔, 내가 당하는 고난들을 있는 그대로 받아들이고
직면하십시오. 고난을 통해 나를 다듬으실 하나님의 손길을 기대하며 감사
하십시오. 그것이 치유로 가는 첫걸음입니다. 직면하고 인정하고 소망을
가지라는 말씀입니다.

그리고 나에게 아픔과 상처를 준 모든 사람을 예수님의 이름으로 용서
하십시오. 용서는 우리 힘으로 할 수 없습니다. 예수 그리스도의 십자가 앞
에 엎드리는 것이 용서입니다. 그 앞에 엎드려 나사렛 예수의 눈길로 그들
을 바라보십시오. 그들에게 용서를 선포하십시오.

또한 허물투성이인 나 자신을 용서하십시오. 하나님께서 우리를 용서하
신다는데 정작 우리가 스스로를 용서하지 못해 괴로워한다면 그것보다 어
리석은 일은 없습니다. 그것보다 교만한 일은 없습니다. 무엇보다 중요한
일은 하나님 안에서 나의 있는 그대로의 모습을 인정하고 사랑하고 소망을
가지는 것입니다. 이 일이 이루어질 때 진정한 치유와 소망과 회복의 역사
가 나타납니다.

중요한 것은, 장기간에 걸쳐 형성된 상처는 하루아침에 금방 사라지지
않는다는 사실을 인정하는 일입니다. 만성병일수록 만성적으로 낫습니다.
식습관을 바꾸고 체질을 개선하면서 기다리면 서서히 낫습니다. 하루아침
에 만성통증을 고쳐 보겠다고 마약성 진통제를 먹어 버리면 잠깐은 통증이

멈출지라도 다음날부터 그 후유증으로 더욱 심한 통증에 시달려야 합니다. 금방 효과를 주는 진통제가 아닌 몸 안의 불균형을 서서히 바꿔 주는 방법을 찾을 때 만성병은 서서히, 그러나 반드시 낫습니다. 우리의 상처나 문제도 그런 시각으로 바라보아야 합니다. 상처를 인정하고 복음 안에서 소망을 가지면서 믿음생활을 지속적으로 해 나갈 때, 어느덧 달라진 우리 자신의 모습을 발견할 수 있을 것입니다.

다만 복음적인 시각으로 우리의 상처를 바라보는 일은 지금 당장 할 수 있습니다. 나의 상처를 인정하고 예수 그리스도 안에서 소망을 갖는 일은 지금 당장 시작할 수 있습니다. 그래서 나는 이 책을 읽는 모든 사람에게 적극 권면합니다. 지금 바로 안경알을 바꾸십시오. "저 사람이 잘못됐다"고 판단하기 이전에 내 안경알을 바꾸십시오. 자비와 용서와 소망의 안경알을 쓰면 세상이 온통 아름답게 보이지만 깨진 안경알을 쓰면 세상의 모든 것은 깨어져 있습니다. 그런 사람은 세상을 확 뒤집어엎어야 한다고 생각합니다. 갈수록 세상이 과격해지는 것도 어찌 보면 사람들이 안경알을 제대로 바꾸지 못해서입니다. 예수님의 안경알로 바꾸고 소망을 가지십시오. 곧 아름다운 교제가, 아름다운 사랑이 찾아올 것입니다. 아름다운 가정이, 아름다운 미래가 여러분을 향해 손짓할 것입니다.

나도 예전에는 심각했다

나는 위의 여섯 가지 상처 중 특히 두려움과 죄책감이 매우 심했습니다. 왜 그랬는지를 설명하려면 어린 시절에 대한 이해가 필요하므로 간략하게 얘기하려 합니다.

나의 할아버지는 한학자 출신의 집안에서 홀로 예수님을 믿으신 분으로 집안에서 쫓겨나 극한 가난과 핍박 가운데 한평생을 살았던 분이십니다. 게다가 신사참배 거부로 모진 고문을 당하고 순교까지 하셨습니다. 아버지는 그런 할아버지 밑에서 신앙교육을 받으셨고 어려서부터 병든 부모님을 봉양하는 등 매우 효성이 깊은 분이십니다. 구한말에는 병든 할아버지를 치료하기 위해 돈 얼마를 받고 만주까지 팔려가는 일을 스스로 결행하기도 하셨습니다. 그렇게 고생이란 고생을 다 겪으면서 살아 계신 하나님을 생생하게 체험한 분이십니다. 어려서부터 열심히 공부해서 목사가 되고 싶어 하셨지만 그마저도 가정형편이 따라주지 않았고, 일찍 생활전선에 뛰어들었기에 아주 생활력이 강하신 분이셨습니다. 어린 나의 눈으로 보기에도 아버지는 모든 면에 철저하게 성실했고 완벽하셨습니다.

내가 학창 시절 내내 우등생이었던 것도 그런 연유에서 비롯되었습니다. 머리가 좋아서가 아니라 살아남기 위한 나의 선택이었습니다. 멀리서 아버지 발소리만 들려와도 놀다가 무릎 꿇어 앉았고, 동생 다섯 중에 한 명만 시끄럽게 울어도 초긴장을 했습니다. 동생이 울면 내가 대표로 혼이 났기 때문에 동생 중 누가 울어대면 그때부터 정신이 하나도 없었습니다.

게다가 얼마나 비교를 당하며 자랐는지, 나는 늘 열등감에 시달렸습니다. 너무도 신앙에 철저하신 아버지의 영향으로 죄책감 또한 많았습니다. 내가 언제나 형편없는 인간처럼 느껴졌습니다. 두려움에 열등감에 우울증에 죄책감까지…. 하나님도 무섭고 아버지도 무섭고 선생님도 무서웠습니다. 동생도 무서웠습니다. 동생이 울면 아버지께 혼이 나야 했으니까요. 그래서인지 나는 어려서부터 늘 다리와 손을 떠는 습관이 있었습니다. 상대방의 눈을 똑바로 쳐다보지도 못했고 말을 할 때는 언제나 더듬었습니다.

'이 말을 할까, 저 말을 할까. 이 말 하다가 실수하면 어떡하지?' 이런 두려움으로 나는 내성적이고 소심한 아이로 자랐습니다. 어머니께서는 그런 나를 보시고 늘 걱정스러워 하셨습니다.

"사내 녀석이 왜 그리 안절부절하니, 정말 걱정이다."

그러면 나도 속으로 대답합니다.

"저도 이런 제가 싫습니다."

나는 그렇게 자라 전남대 의과대학으로 진학합니다. 서울대학교 의과대학을 목표로 달려왔지만 갑자기 변경된 학제가 두려워 감히 서울대학교에 원서를 내지 못했습니다. '혹시 떨어지면 어떡하나?' 하는 마음에 가장 안정 지원을 했던 것입니다.

그러자 그때부터 나의 열등감은 꼬리를 물고 이어졌습니다. 정체성을 일류대학 진학에서 찾으려고 하다 보니 전남대 의대를 다니는 나 자신이 서울대 의대를 다니는 친구들보다 훨씬 열등하게 느껴졌습니다. 친한 친구들은 모두 서울로 가는데 나 혼자 지방에 남아 있다는 사실이 한심스러웠습니다. 어려서부터 비교를 당하며 자랐던 터라 이제는 스스로를 타인과 비교하며 열등감 속에서 지냈습니다.

여름방학이 되어 친구들을 만나면 열등감은 더욱 심해졌습니다. 그들은 예쁜 여학생을 옆에 데리고 다니며 자신 있게 생활하는데 나는 가뜩이나 소심한 성격에 여자 옆에만 가도 얼굴이 빨개졌습니다. 나는 여전히 촌놈이었고 친구들은 멋진 서울 사람이 되어 있었습니다. 그럴수록 나는 여자친구를 사귈 생각은커녕 여자 근처에도 가지 못하는 바보 같은 남자로 변해 갔습니다.

촌놈, 매력남(?)으로 거듭나다

자기 안의 상처를 해결하지 못한 사람들은 이성에게 다가가지 못합니다. 이성과 만남이 이루어졌다 해도 그 만남을 축복으로 이끌지 못합니다. 자신의 상처를 통해 이성에게 또 다른 상처를 남겨 줄 뿐입니다.

내가 그 대표적인 사람이었습니다. 가뜩이나 대인관계에 자신 없었던 내가 여자 옆에 간다는 건 엄두도 내지 못할 일이었습니다. 눈도 제대로 쳐다보지 못했고 말도 걸지 못했습니다. 점점 초라해지는 내 모습에 우울증까지 심해졌습니다. 급기야 의대 2학년이 되면서부터는 신앙생활에도 위기가 찾아들었습니다. 공부도 하기 싫었고 세상 살기도 싫었습니다. 마음속에는 언제나 큰 돌덩이 하나가 얹혀 있는 느낌이었습니다. 내가 왜 교회를 다니는지, 왜 대학을 다니는지 모든 것이 풀리지 않는 문제로 다가왔습니다. 어린 시절부터 아버지 눈치 때문에 주일성수를 했을 뿐, 구원의 감격 없이 다니던 교회생활에 깊은 회의감이 찾아들었습니다. 율법적으로 교회생활에 충실하던 내 삶에 최대의 위기가 찾아든 것입니다. 그러자 사람들을 만나기가 더욱 싫었습니다. 내 자신에 대해 자신감이 없었습니다. 만남에 대한 기대도 전혀 없었고, 나중엔 사는 것 자체가 싫었습니다. 우울하고 폐쇄적인 사람으로 변해 갔습니다. 아무도 그런 나를 좋아하지 않았습니다.

감사하게도 하나님께선 그런 나를 그냥 내버려두지 않으셨습니다. 지푸라기라도 잡는 심정으로 방학 중에 참석했던 부흥회 마지막 날, 나는 하나님의 깊은 은혜를 체험했습니다. 살아 계신 하나님의 성령을 만났습니다. 그 은혜 안에서 나의 모든 상처가 녹았다고 확신합니다. 두 시간 동안 예배

당이 떠나갈 정도로 통곡하며 울었고, 그 뒤에도 말씀을 볼 때마다 눈물을 쏟아내었습니다.

얼마 동안 그랬을까요? 언제부터인가 나는 완전히 다른 사람으로 살아가고 있었습니다. 공부하는 목적이 달라졌고, 얼굴엔 언제나 미소가 떠나지 않았습니다. 가슴을 억누르던 돌덩이가 없어진 것을 물리적으로 느낄 수 있을 만큼 몸도 새털처럼 가벼웠습니다. 사는 것이 즐거웠습니다. 기쁨이, 말로 표현할 수 없는 기쁨이 눈을 뜨면 내 안에 충만하게 차올랐습니다. 하나님의 영광을 위해 나의 비전도 수정해 나갔습니다. 돈 많이 버는 의사가 아니라 하나님의 사역을 감당할 평신도 사역자가 되기 위해 일부러 마취과를 선택했습니다. 전문적인 일을 하면서도 따로 시간을 내어 평신도 사역자로서의 사명을 감당할 수 있는 최고의 분야가 바로 마취과였기 때문입니다. 또 CCC에서 회장을 맡아 섬겼습니다. 그 어렵다는 의학공부도 하나님의 영광을 위해 열심히 해냈고, CCC의 사역도 최선을 다해 감당했습니다. 하루 24시간이 모자랐지만 매일 하는 말씀묵상과 기도를 한 번도 빼먹지 않았습니다.

그러자 어느덧 제 주변에는 여자들이 들끓기(?) 시작했습니다. 여자 옆에는 가지도 못했던 나에게 자매들의 뜨거운 눈길(?)이 전해져 왔습니다. 아무에게도 치근대지 않았는데 나를 흠모하는 자매들의 모습이 눈에 들어왔습니다. 여자에게는 말도 걸 줄 몰랐던 내가, 남 앞에선 늘 버벅거리기만 했던 내가, 어느덧 자신 있는 형제가 되어 데이트를 주도하고 있었습니다. 하나님의 은혜를 체험하자, 촌놈이었던 내가 완전히 인기짱의 매력남으로 돌변해 버렸던 것입니다.

남녀, 제작 원리가 다르다!

자신 안에 숨어 있는 상처들을 은혜 안에서 발견하고 극복했어도 데이트는 여전히 어렵습니다. 누군가와 관계를 맺는다는 것은 그만큼 어려운 일입니다. 특히 이성 간에는 이해할 수 없는 복잡 미묘한 일들이 많습니다. 서로 좋아서 사귀는 것인데도 어떤 인간관계보다 싸움이 잦습니다. 왜 그렇습니까? 남자가 누구이고 여자가 누구인지에 대한 이해가 부족하기 때문입니다. 남자와 여자는 같은 인간이지만 서로 다른 제작 원리로 만들어진 다른 제품, 즉 근본적으로 다른 존재라는 것을 모르기 때문입니다. 그래서 이성교제는 인생을 이해하는 데 도움이 됩니다. 실제로 이성교제를 성공적으로 잘 이끈 사람은 인간관계의 폭과 깊이도 더할 수 있습니다. 우주의 절반을 차지하는 이성에 대한 이해를 통해 인간에 대한 깊은 이해를 할 수 있기 때문입니다.

1. 보이는 것에 약한 존재, 남자!

남자는 여러 면에서 여자와 다른 존재입니다. 특히 보이는 것에 매우 약하다는 점에서 여자와 다릅니다. 한마디로 남자는 시각적인 존재입니다.

학교 수업 시간에 있었던 일입니다. 선생님이 하루는 수업을 시작하기 전에 남학생들에게 운동을 시켜 줍니다. 어떻게 운동을 시켜 줬을까요? 학생들에게 일어서라고 하지 않습니다. 운동하라고 하지도 않습니다. 미니스커트를 입은 그 여선생님은 아무 말 없이 의자에 앉은 채 다리를 살짝 벌렸습니다. 그러자 졸던 학생들까지 일제히 고개를 내뺀 채 선생님의 다리를 쳐다봅니다. 이때 선생님은 다리를 조금 오무렸습니다. 학생들은 더욱 고개를 내밀어 쳐다봅니다. 그 모습을 보고 이번에는 다리를 완전히 모아서 앉았습니다. 그러자 학생들은 고개를 완전히 땅바닥 가까이 떨군 채 선생님의 다리를 쳐다보았습니다. 선생님의 다리 모양에 따라 학생들의 고개가 왔다 갔다 했던 것입니다. 이어서 선생님이 말씀하십니다.

"여러분, 몸 풀기 운동은 이것으로 마치고 이제 수업 시작하겠습니다."

이 우스갯소리가 무엇을 뜻하는지 눈치 빠른 독자들은 금방 알아챘을 것입니다. '남자의 눈'을 조심해야 한다는 뜻입니다. 남자들은 눈에 민감한 사람들입니다. 남자들이 눈으로 느끼는 유혹이 매우 강렬한 것에 대해 여자들은 "짐승 같다"며 혐오스러워만 할 게 아닙니다. 남자란 본래 그렇게 타고난 존재이기 때문에 그 사실을 이해하고 조심해 줘야 할 책임이 여자에게 있습니다. 이런 사실을 간과한 채 가슴이 지나치게 파인 옷을 입거나 짧은 미니스커트를 입고 다니며 남자들의 눈을 유혹하는 여자들이 얼마나 많은지 모릅니다. 살짝살짝 젖가슴을 보이는 옷을 입은 여자들도 요즘은 심심치 않게 보입니다. 그것은 단지 섹시해 보이는 것만을 뜻하지 않습니다. 남자들을 향한 공격(?)이 될 수도 있습니다. 상대방을 유혹하는 몸짓으로 작용합니다.

남자들이 유독 예쁜 여자를 밝히는 것도 시각적인 존재이기 때문입니다. 남자들이 왜 「플레이보이」 같은 잡지를 즐겨 보겠습니까? 시각적인 자극을 찾기 때문입니다. 반면 여자들은 남자들의 벗은 몸을 보여 주는 「플레이걸」과 같은 잡지를 많이 찾지 않습니다. 여성들이 성에 소극적이기 때문만은 아닙니다. 여성들은 남성에 비해 시각적인 데에 그리 큰 유혹을 느끼지 않아서입니다. 잘생긴 남자를 좋아하긴 하지만 잘생긴 남자만을 고집하지 않습니다. 그보다는 성격 좋은 남자, 능력 있는 남자 혹은 자신을 진심으로 사랑해 주는 남자를 찾습니다.

남자들은 눈에 예민하기 때문에 시각적으로 자신만의 분위기를 낼 줄 아는 여성을 좋아합니다. 여기서 우리가 구분해야 할 것은 시각적으로 성적 본능을 자극하는 것과 시각적인 아름다움을 느끼게 하는 것이 다르다는 점입니다. 남자들은 이 두 가지를 다 좋아합니다. 그러나 한편으로는 자기를 비롯한 모든 남자가 성적 유혹에 넘어가기 쉬운 존재임을 아는 까닭에 자극적인 옷차림을 하는 여성을 향해 '천박하다'고 손가락질합니다. 물론 이것은 남성들의 이기심에서 비롯되었지만, 여성들은 이런 남성의 이기심을 알고 지혜롭게 처신할 필요가 있습니다. 시각적인 아름다움을 추구할 줄 알되, 남성의 성적 본능을 자극시키지 않도록 자신을 관리할 필요가 있습니다. 그것이 곧 자신을 이미지 메이킹하는 방법이자 남자들을 향한 배려입니다.

또한 남자들이 시각적인 존재임을 안다면 여자들은 자신이 사랑하는 남자를 위해 그 눈을 관리해 줄 필요가 있습니다. 항상 자신을 가꿀 줄 아는 부지런함이 여자에게 필요하다는 뜻입니다. 자신만의 분위기를 가꿀 줄 아는 여자는 매력적입니다.

나도 아내에게 적극적으로 자기 자신을 가꾸라고 당부합니다. 그래서인지 아내는 늘 내게 매력적인 여자로 다가옵니다. 아직 백화점 같은 데서 옷을 사 입어 본 적도 없고, 신발 한 켤레를 사면 몇 년 동안 그것만 신을 만큼 검소한 사람이지만 아내에게는 싼 옷을 입어도 아내만의 분위기를 연출해

낼 줄 아는 센스가 있습니다.

그런데 많은 아줌마들은 어떻습니까? 밖에 나가서 다른 남자를 만날 때는 열심히 화장도 하고 옷도 제일 좋은 것으로 골라 입으면서, 남편이 집에 돌아올 시간에는 소위 '몸빼 바지'를 입습니다. 머리도 안 빗고 심지어는 세수도 안 한 채 남편을 맞이합니다. 그렇다 보니 남편은 은연중에 '우리 아내는 매력 없는 여자'라고 인식해 버립니다. 그러므로 기혼인 경우에는 남편의 시각 관리, 미혼인 경우는 애인의 시각 관리를 해 줄 필요성이 있습니다.

언젠가 집에 두고 온 물건이 있어 대낮에 갑자기 집에 들어간 일이 있습니다. 그때 나는 아내의 모습을 보고 깜짝 놀랐습니다. 피곤해서 자고 있었는지 부스스한 머리에 헝클어진 옷매무새…. 그 후 나는 갑자기 집에 들어갈 일이 있을 때마다 미리 전화를 해 줍니다. 단정한 아내의 모습이 보고 싶기 때문입니다. '남자의 눈'에 대한 이해를 통해 자신을 잘 관리하면서도 아름다운 분위기를 연출하는 지혜가 여자들에게는 필요합니다.

또한 남자가 후각에도 예민한 존재임을 안다면 더욱 멋진 여자들이 될 수 있습니다. 벌과 나비들이 꽃의 향기를 좇듯 남자는 여성의 향긋한 냄새에 코와 마음을 빼앗깁니다. 산뜻하고 매력적인 향수 한 방울이 여성을 돋보이게 하는 것입니다. 이것은 곧 여성들이 위생 상태를 청결하게 유지해야 한다는 뜻이기도 합니다. 실제로 매력적인 여성은 위생적이지 못한 냄새가 풍겨 나오지 않도록 항상 자신을 관리합니다.

2. 소리와 스킨십에 약한 존재, 여자!

남자들이 시각, 후각적인 존재라면 여자들은 청각과 촉각적 존재라고 할 수 있습니다. 실제로 여자들은 듣는 귀가 매우 발달되어 있습니다. 그래서 말을 즐기고 중요하게 생각합니다. 인생의 많은 고민도 들어 주는 사람만 있으면 풀어낼 수 있을 정도로, 여자들은 수다를 통해 고민을 떨쳐 냅니다.

그래서 남자들은 듣는 훈련을 많이 해야 합니다. 많이 들어 주고 많이 끄덕거려 주고 중간 중간에 "그래, 니 말이 맞다"라는 추임새도 적당히 넣어 줘야 합니다. 어떤 면에서 여자들은 데이트하는 이성에게 많은 것을 바라지 않습니다. 자신의 이야기를 끝까지 들어 주고 끄덕거려 주는 것만 잘해도 여자들은 마음 문을 엽니다. 기댈 수 있는 상대라고 생각합니다. 하지만 남자들은 어떻습니까?

"요점이 뭔데? 결론만 말해, 결론만."

툭하면 상대방의 말을 끊고 끝까지 들어 주지 않는 남자를 좋아하는 여자는 거의 없습니다. 이 역시 여성들의 이기심인지 모르지만, 적어도 남자라면 자신의 말보다는 상대방의 말을 들어 주는 배포와 여유가 있어야 한다고 생각합니다. 말 많은 여자는 용서가 되도, 말 많은 남자는 용서가 되지 않습니다. 데이트를 하면서도 남자가 여자의 말을 끊고 잘 들어 주지 않으면 여자는 남자의 사랑이 식었다고 생각합니다. 자신에게 더 이상 관심이 없다고 느낍니다. 결혼 후에는 말을 잘 들어 주지 않는 남편 때문에 심한 우울증에 시달리기도 합니다.

이처럼 여자들은 말을 중요하게 생각하기 때문에 남자들의 말에도 매우 예민하게 반응합니다. "어떻게 그렇게밖에 말을 못해?" "어떻게 그런 말을 할 수가 있어?" 데이트하는 여자들이 가장 많이 하는 말 중의 하나입니다.

따라서 이런 여자의 요구에 반응하며 언어를 잘 훈련한 사람은 훗날에도 좋은 대인관계를 유지할 수 있습니다. 남자들은 보통 언어에 둔해서 같은 내용이라도 기분을 상하게 하는 표현과 기분을 좋게 하는 표현을 가려서 사용할 줄 모릅니다. 데이트가 지속되면서 많은 이야기가 오가다 보면 서로의 장단점들을 적나라하게 알게 되고, 그것을 권면해 줘야 하는 순간이나 서로를 맞춰야 하는 순간들이 반드시 오는데, 그때 남자들은 한계에 부딪치고 맙니다. "여자들은 무슨 말만 했다 하면 삐진다!"고 투덜댑니다. 사실은 여자들이 잘 삐지는 게 아니라 남자들이 둔하기 때문임을 모르는 것입니다. 언제나 들어 주는 습관, 적절한 때에 격려하고 도전해 주는 훈련, 기분 상하지 않게 문제를 풀어 가는 말솜씨는 데이트하면서 남자들이 꼭 거쳐 가야 할 과정입니다.

그러나 무조건 말을 잘한다고 해서 여자들이 좋아하는 것은 아닙니다. 말이 다소 어눌하더라도 그 사람의 말에 설득력이 있을 수 있습니다. 어떨 때입니까? 진심을 담고 있는 경우입니다. 데이트에서도 가장 중요한 것은 진심어린 말입니다. 사탕 발린 소리가 아닌, 진심어린 말 한마디가 상대방의 마음을 녹입니다. 신뢰감을 형성합니다. 결국 남자들이 데이트를 통해 배워야 하는 것은 어떻게 자신의 진심을 전하느냐임을 알아야 합니다.

여성들은 청각에 예민한 만큼 촉각에도 예민합니다. 그래서 결혼 후에는 남편이 아내에게 스킨십을 자주 해 주는 게 좋습니다. 손을 만져 주고, 등을 쓰다듬어 주면서 애정을 표현해 주면 진심으로 위로를 받습니다. 그런데 많은 남자들은 어떻습니까? 데이트할 때는 지나치게 스킨십을 많이 하고, 결혼 후에는 지나치게 스킨십에서 멀어집니다. 여자들에게 스킨십은 부부관계와는 또 다른 만족을 느끼게 합니다. 아내들은 스킨십을 통해 마음의 위로를 받음과 동시에 마음의 빗장을 엽니다. 그런 후에 부부관계를 통해 성적 만족감도 느끼는 것입니다. 반면 남편들은 어떻습니까? 곧바로 부부관계에 들어가려 합니다. 그것으로 아내를 향한 자신의 애정을 다 표현했다고 생각합니다.

여자들이 스킨십을 중요하게 생각하는 것은 그만큼 여자들이 촉각에 민감한 존재라는 뜻입니다. 이것은 곧 데이트할 때 남자들이 무엇을 조심해야 하는지 알게 해 주는 구절입니다. 나는 교회 청년들에게 가급적 많은 자매들을 만나 데이트를 해 보라고 적극 권합니다. 그러나 한편으로는, 그 데이트의 목적이 하나님께 영광이 되어야 하며 언제 헤어질지 모르는 상대방에게 상처를 주어서는 안 된다는 전제를 제시합니다. 데이트는 자신의 배우자를 찾아가는 과정에서 만나는 미혼 남녀의 만남입니다. 이것은 곧 지금 데이트하는 상대와는 언제든지 헤어질 수 있다는 것을 뜻합니다. 따라서 데이트하는 동안에는 절대로 육체적인 친밀함에 이르면 안 됩니다.

남자들이 시각적인 유혹에 잘 걸려 넘어지듯이 여자들은 촉각적인 접촉에 매우 약한 존재입니다. 여자들이 마음 문을 열기 시작할 때 남자들이 스킨십을 하며 적극적으로 접근해 들어가면 여자들은 대부분 마음의 빗장을 열고 맙니다. 또 그때부터 여자들은 상대방에게 집착하기 시작합니다. 데이트하는 동안 스킨십이 강력할수록 헤어진 후에 여자들의 마음속에 남는 상처는 클 수밖에 없습니다.

직장 상사에게 성추행을 당한 여성들이 그렇게도 심한 모욕감에 젖는 이유가 무엇입니까? 여자들은 마음을 연 후 스킨십을 허용합니다. 육체적인 접촉을 한다

는 것은 곧 마음을 주고받았다는 뜻으로 생각합니다. 그러나 남자들은 마음의 교감 없이도 보이는 유혹을 이기지 못해 여자의 몸을 만지고 싶어 합니다. 여자들은 그런 직장 상사의 무례한 성추행에 신체의 일부를 더럽혔다는 생각을 하고, 동시에 자신의 마음을 억지로 강도당한 것 같은 모욕감을 받습니다. 그래서 그렇게도 상처를 받는 것입니다. 어떤 면에서 여성들이 남성들보다 훨씬 정신적인 존재이기 때문에 마음의 교감 없는 스킨십은 여성들에게 크나큰 상처를 안겨 주고 맙니다.

여자는 이렇게 남자와 다른 존재입니다. 남자 역시 여자와는 확실하게 다릅니다. 이 외에도 남녀의 차이는 많이 있지만 여기서 그 차이점을 다 이해할 수는 없고 다만, 남녀가 근본적으로 다른 원리에 의해 창조되었다는 사실을 이해하기 바랍니다. 그 사실을 알고 데이트에 접근함으로써 만남을 더욱 아름답고 풍성하게 이끌기 바랍니다.

이제 정말 '내 짝'을
만나고 싶다

적극적으로 구하고, 찾고, 두드리라

우리는 믿음생활을 하면서 하나님께 모든 걸 의지하고 모든 걸 아뢴다 하면서도 정작 구하고 아뢰어야 할 것은 놓칠 때가 많습니다. 신실한 젊은 이들조차도 자신이 가장 바라고 원하는 것을 하나님께 고백하지 못합니다. 교회와 나라를 위해 기도하고 병든 자를 위해 기도하면서도 정작 자기 자신을 위해, 자기 자신의 이성교제를 위해서는 기도할 줄 모릅니다. 이것은 하나님께서 나와 나의 배우자를 위해 얼마나 많은 짐을 지시고 그 만남을 위해 얼마나 오묘한 계획을 갖고 계시는지 모르고 있다는 증거입니다. 자신의 아름다운 만남을 위해 기도하는 것이 나라를 위해 기도하는 것 못지 않게 중요하다는 사실을 놓쳐서는 안 됩니다. 좋은 만남이 이루어지고 아름다운 가정을 꾸리면 그 두 사람은 평생 동안 무릎을 꿇고 나라를 위해 기도하는 가정을 이루지만, 잘못된 만남을 통해 가정을 이루면 그 두 사람은 평생 동안 싸우고 볶고 지지다가 한 생애를 마감하고 맙니다.

하나님께선 우리를 축복하시기를 기뻐하십니다. 우리에게 사랑하는 사람이 생긴다는 것은 우리 인생의 멋진 축복임에 틀림없습니다. 이 축복을 위해 기도하지 않는다면, 이 일을 놓고 세세히 고백하지 않는다면 나를 향한 하나님의 사랑을 외면하는 것과도 같습니다. '다른 것은 몰라도 이성교제만은 알아서 처리하겠으니 하나님은 그저 지켜만 보십시오' 라는 태도가 그것입니다.

나는 청년 시절, 하나님의 은혜를 체험한 뒤로 이성에 대한 두려움이 사라지면서 적극적으로 이성과의 만남을 시도했습니다. 뿐만 아니라 배우자를 찾아가는 과정을 하나님과 함께하고 싶었습니다. 원하는 배우자상을 하나님께 아뢰기 시작했고, 장차 만날 배우자를 위해 날마다 기도했습니다. 그리고 열심히 찾기 시작했습니다.

그래서였을까요? 그때부터 제 주위에는 자매들이 들끓기(?) 시작했습니다. 나는 이 자매도 만나보고 저 자매도 만나보면서 '금도끼 은도끼' 동화의 주인공처럼 하나님께 여쭈었습니다.

"하나님, 이 자맵니까?"

"하나님, 저 자맵니까?"

감사하게도 하나님께선 여러 자매들과의 데이트를 통해 누가 과연 내게 가장 잘 맞는 배우자인지를 알 만한 지혜를 허락하셨습니다. 상대방도 나도 '그래, 이 사람이었어!' 라는 확신에 찬 느낌이 들도록 인도하셨습니다.

하나님께선 그렇게 우리의 정서와 의지와 경험을 통해 우리 스스로 배우자를 잘 찾아가도록 인도하시는 분이셨습니다. 배우자를 택한 사람은 나 자신이었지만 그 걸음을 이끄시며 과정까지도 아름다운 기록이 될 수 있도록 인도하시는 분은 하나님이셨습니다.

요즘은 이성과의 만남이 매우 활발하게 이루어지다 못해 난무하기까지 한 현실이지만, 아직도 교회 내에서는 이성과의 만남을 위한 적극적인 노력이 이루어지지 않는 형편입니다. 우리의 신실한 형제자매들은 자신의 짝을 만나려는 노력을 별로 기울이지 않습니다. 마태복음 7장에 나오는 "구하고 찾고 두드리라"는 주님의 말씀에 우리는 별로 귀 기울이지 않습니다.

구하십시오. 찾으십시오. 데이트를 할 때도 '하나님의 원리'를 잊어선 안 됩니다. 하나님께서 이 세상을 움직이시는 원리를 적용해야 합니다. 골방에서 매일 "주십시오, 주십시오" 하면 뭐합니까? 남자들이 모인 데를 가야 만남이 이루어지든 말든 할 게 아니겠습니까? 속된 말로 복권을 사지도 않으면서 어떻게 복권에 당첨되게 해 달라고 기도합니까? 여자는 남자들이 많이 모이는 곳에, 남자는 여자들이 많이 모이는 곳에 가야 합니다. 그런 곳이 어디입니까? 나이트클럽입니까? 예, 거기도 좋습니다. 단, 밤마다 술집 같은 데서 현란하게 춤을 추며 스트레스를 풀 줄 알고, 돈을 버는 즉시 가서 유흥비로 탕진할 줄 아는 상대를 만나고 싶다면 그러십시오.

그러나 우리 중 아무도 그런 사람을 배우자로 만나고 싶어 하지 않습니다. 하나님을 섬기며 그 안에서 사랑하며 인생의 고비마다 기도로 이겨낼 줄 아는 사람을 만나고 싶어 합니다. 주의 말씀으로 서로 위로하고 사랑하는 가정을 꾸리고 싶어 합니다. 그래서 나는 청년들에게 한 교회 안의 청년부 활동, 선교단체 활동을 적극 권유합니다. 청년부나 선교단체 활동을 하는 것은 젊은 시절에 믿음을 자라게 하고 믿음의 동역자들을 만나게 해 준다는 점에서도 적극 권유하고 싶습니다. 그 속에서 자신에게 가장 잘 맞는 이성과 사귈 수 있다면 이보다 더 큰 축복이 어디 있겠습니까? 믿음의 추억을 공유할 수 있고, 하나님을 섬기되 같은 색채로 섬길 수 있다는 것은 서로의 신앙 성장뿐 아니라 훗날의 가정생활을 위해서도 매우 고무적인 일입니다.

물론 서로 다른 신앙 단체에서 훈련받았다 해도 두 분 다 성숙할 경우에는 별 문제 없겠지만 많은 경우, 신앙 색채가 다르다는 것은 문제의 원인이 되기도 합니다. 인생의 고비를 맞을 때마다 한 사람은 하나님 뜻을 찾기 위해 기도원으로 들어가 뜨겁게 방언기도를 해야 하고, 한 사람은 말씀을 깊이 묵상해야 한다고 해 봅시다. 이 부부는 어려운 일이 닥칠 때마다 별거생활에 들어갑니다. 심지어는 서로를 향해 이렇게 말하는 경우도 심심찮게 보아 왔습니다.

"저 사람은 왜 저렇게 드러내며 믿음생활을 하는지 몰라. 왜 자꾸 이상한 쪽으로 흘러가는지 모르겠어. 문제만 생겼다 하면 기도원에 들어가니, 원."

"내 남편은 성령을 못 받았어. 성령을 받아야 뜨거워지는데 성령을 못 받았으니 문제를 풀 수가 있나. 맨날 성경만 들여다보고 있으면 뭐해? 기도를 해야지."

이런 부부의 경우 문제를 풀 도리가 없습니다. 말씀의 깊은 묵상을 주된 훈련으로 삼고 살아온 남자와 성령 안에서의 뜨거운 기도를 체험하며 살아

온 아내는 한 하나님을 섬기면서도 자신만의 신앙적 틀 때문에 하나님 안에서 서로 사랑하고 문제를 해결하는 방식을 찾지 못합니다. 하나님께서는 모든 것을 포용하시는 분이시지만, 우리 인간은 각자 지닌 틀 안에서만 서로를 포용하는 한계를 지닌 까닭에 자신만의 신앙적인 틀로 서로를 공격합니다.

반면, 서로 같은 공동체 안에서 배우자를 만나면 그 두 사람은 언제나 믿음 안에서 의기충천합니다. 가정생활을 하다가 어려운 일이 있어도 믿음 안에서 해결하는 방식이 같기 때문에 위기를 통해 더욱 하나가 될 수 있습니다. 서로의 믿음이 시들해졌다가도 "우리 젊었을 때 수련회 갔던 거 생각나?"로 시작된 대화가 서로를 도전하게 하는 동기가 됩니다.

제가 아는 한 커플도 모 교회 청년부에서 만나 결혼을 했는데 결혼 후에도 이 두 사람은 자신들이 가장 뜨겁게 은혜를 체험했던 그 교회의 청년부 수련회에 이따금씩 참석하곤 했습니다. 이유를 물었더니 수련회만 다녀오면 두 사람은 더욱 믿음이 뜨거워질 뿐 아니라 사랑도 뜨거워진다(?)는 것이었습니다. 그 두 사람은 수련회를 참석할 때마다 자신들을 맺어 주신 하나님의 섭리와 사랑을 재발견하고 돌아왔던 것입니다.

한 공동체에서 배우자를 만나는 일은 이러한 유익 외에도 매우 많습니다. 무엇보다 서로의 모습을 있는 그대로 알 수 있고, 있는 그대로의 모습을 서로 용납할 수 있을지 점검할 수 있습니다. 또한 공동체 안에 들어가면 자신이 가진 매력도 자연스럽게 표출할 수 있습니다. 이것은 곧 나만이 가진 아름다움을 발견할 줄 아는 상대를 만날 수 있다는 뜻이기도 합니다.

은혜의 콩깍지를 써라

그렇다면 공동체 안에서 어떻게 상대방을 찾을 수 있을까요?

이때부터의 비결은 다른 게 없습니다. 상대방을 구하려는 생각을 버리는 것입니다. 이때부터는 탐정처럼 이성을 찾으려 하지 말고 하나님께로 시선을 고정해야 합니다. 언제는 찾으라 했다가 언제는 찾지 말라 하니 혼란스럽습니까?

그것이 내가 앞에서 여섯 가지 마음의 상처에 대해 설명한 이유입니다. 우리는 먼저 하나님 은혜 속에 잠겨야만 하는 존재입니다. 은혜 안에서 우리 상처가 녹고, 그 감격 속에서 새로워지는 체험이 있어야 합니다. '은혜'라는 것이 얼마나 대단한 것인 줄 아십니까? 하나님의 은혜는 세상 어떤 것으로도 불가능했던 일들을 가능케 합니다. 마음의 상처로 인해 뾰족해졌던 우리의 인격을 다듬어 줍니다. 열등감에 휩싸였던 영혼을 당당하게 변화시키고, 우월감에 사로잡혔던 교만한 인간을 겸손하게 만듭니다. 멋진 배우자를 만나려고 하기보다 나 자신이 먼저 멋진 배우자감이 되어야 한다는 생각을 갖도록 해 줍니다.

그래서 은혜 속에 잠긴 사람의 모습은 멋있습니다. 정말 매력적입니다. 은혜 안에서 생활하는 청년을 보십시오. 그는 이성을 찾아 방황하기는커녕 주님의 사랑에만 푹 잠겨 지냅니다. 그런데도 그에게 관심을 보이는 사람은 나날이 늘어갑니다. 젊은 목회자 후보생들이 의외로 참한 자매들을 잘 만나는 것은 이 때문입니다. 자매들은 대부분 목회자 생활에 대한 두려움이 있고 사모가 된다는 것을 꺼리면서도, 뜨겁게 주님을 체험하며 사는 목회자 후보생들의 매력에 빠져 버립니다. 주님을 향한 그의 진심어린 신앙고백을 보며 어떤 청년들에게서도 느끼지 못한 듬직함을 느낍니다. '저런 사람이라면 함께 인생을 설계하고 싶다.' 는 마음이 드는 것입니다.

자매의 경우도 마찬가지입니다. 세상에서는 별로 인기 없었던 자매가 교회 안에 들어옴으로써 진가가 발휘되기도 합니다. 청년부 활동을 통해 소리 없이 사람을 세우고 섬기는 그 자매의 모습이 반짝반짝 빛을 발합니다. 겉모습은 못생겼어도 주님의 형상을 닮은 그 내면의 아름다움이야말로 가장 매력적인 것임을 발견하는 형제들이 생겨납니다. 자매의 신앙 생활하는 모습이 어여쁘기 때문에 차츰 시각적으로도 착시 현상이 나타납니다. 눈도, 코도, 입술도 다 어여쁘게만 보입니다.

열심히 하나님을 섬기는 생활을 하면 바로 이와 같은 축복을 받습니다. 나도 그런 축복을 받았습니다. CCC라는 선교단체에서 신앙생활을 하면서 하나님의 은혜를 깊이 체험했고, 나중에는 막중한 회장직까지 맡았습니다. 회장직이 부담스럽긴 했지만, 하나님의 일을 한다는 것이 기뻐 신나게 봉사하고 섬겼습니다. 찬양을 인도하고 새 신자들을 돌보며 정신없이 뛰어다녔습니다. 날마다 하나님을 의지하며 살아가는 일들 속에서 새롭게 태어나는 나 자신의 모습도 발견할 수 있었습니다. 소심하기만 했던 내가 언제 그랬냐는 듯 자신감 있고 활기 찬 사람으로 변해가고 있었습니다. 그런데 문제는 그때부터 일어났습니다. 나를 바라보는 자매들의 눈길이 이글이글(?) 타올랐습니다. 내가 보기에 그 자매들은 "저 박수웅이란 형제를 제게 주옵소서"라고 기도하는 것 같았습니다. 당시만 해도 60년대 초중반이라 형제 자매들의 공개 교제가 활발하지 않았는데, 그런데도 매력적인 남성을 향한 여성들의 용기는 대단했습니다. 집회를 마치고 뒷정리를 하고 있으면 제게로 다가오는 자매들의 움직임이 심상치 않았습니다.

"오빠, 제가 지금 하숙집에 가야 하는데요, 남학생들이 뒤따라오면서 휘파람 불고 그래요. 무서워 죽겠어요. 오빠가 좀 데려다 줘요."

이런 부탁을 해 오는 자매가 있을 때마다 나는 잠깐 고민을 합니다. 제가 평소 마음에 조금이라도 두고 있었던 자매라면 흔쾌히 그 부탁을 들어주지만, 만약 맘에도 없는 자매가 그런 부탁을 해 오면 슬그머니 다른 사람에게 부탁을 했습니다.

"지금 내가 너무 바빠서 그러니까 저 형제 보고 바래다주라고 할게."

제게도 선택의 권리가 있기 때문에 가급적 상처를 주지 않는 선에서 자매들의 부탁을 거절하는 것입니다. 그러나 마음에 들었던 자매의 부탁을 받는 날은 만사를 제쳐놓고 바래다줍니다. 그리고 바래다주는 동안 둘만의 시간을 즐기며 자연스럽게 이야기를 꺼내 봅니다. 자매가 어떤 사람인지, 나와는 어느 정도의 거리를 유지할 수 있는 사람인지 알고 싶은 마음에 질문을 던져 봅니다. 이때 형제들은 단도직입적으로 질문을 해선 안 됩니다.

"자매는 신앙 좋아요?"

"자매는 지혜로운 사람이에요?"

이런 질문을 던진다면 그 사람이야말로 지혜롭지 못한 사람입니다. 상대방의 신앙이나 됨됨이를 알고 싶다면 구체적이면서도 자연스럽게 질문을 던질 줄 알아야 합니다.

"오늘 목사님 설교 정말 좋았죠? 자매도 은혜 많이 받았어요?"

그러면 상대방은 자연스럽게 자신의 마음을 털어놓습니다.

"맞아요. 나는 목사님이 우리 마음의 여섯 가지 상처에 대해 말씀하실 때 많이 찔렸어요. 꼭 내 얘기를 하는 거 같았거든요."

이런 식으로 이야기가 진행되면 적어도 상대방은 주님의 은혜를 사모하는 사람임이 표출됩니다. 나와 신앙 색채가 비슷한지, 자신을 말씀의 거울에 비춰 보며 변화시키려 하는지, 주님 안에서 비전과 꿈이 있는지를 어느 정도 알 수 있습니다. 그래서 적어도 친구처럼은 지낼 수 있다는 판단이 서면, 다음 번 데이트에 대한 여지를 남겨 놓습니다. 반면, 어떤 얘기를 해도 이야기가 통하지 않는 사람이 있습니다. 그럴 때는 그날의 데이트로 종지부를 찍습니다. 그 사람의 분위기에 끌려 호감이 갔다가도 마음을 서로 주고받을 수 없다면 단호하게 마음을 정리하는 게 좋습니다. 평생을 함께 할 사람이라면 적어도 하나님 안에서 일치되는 기쁨을 누릴 수 있어야 한다고 믿습니다. 하나님을 생각하면 감격이 있고, 그분의 이야기를 하면 밤이 새는 줄 모르고, 그분 안에서의 비전을 나누다 보면 눈이 반짝거리는 정도까지 갈 수 있어야 한다고 생각합니다.

청년 시절의 데이트는 그런 사람을 찾는 과정입니다. 나와는 전혀 다른 인간이지만 같은 비전을 품고 하나님을 섬길 수 있는 사람, 서로의 단점을 보완하며 서로를 섬길 수 있는 사람, 평생의 친구이면서 애인이 되어 줄 수 있는 사람을 찾아가는 과정입니다. 그런데 이렇게 중요한 과정에서 남자가 여자의 얼굴만을 중요하게 바라본다거나 여자가 남자의 조건만을 바라본다면 그것만큼 어리석은 일이 없습니다. 시각적인 어여쁨의 매력은 얼마 가지 못합니다. 실제로 예쁘다는 이유로 결혼했다가 후회하는 커플들을 나는 많이 보아 왔습니다.

남자를 볼 때 조건을 따지는 경우도 마찬가지입니다. 인생이 짧다고 하지만 인생의 조건은 얼마든지 달라질 수 있습니다. 부자였던 사람도 가난해질 수 있고, 가난했던 사람도 부해질 수 있습니다. 따라서 외적인 조건으로 배우자감을 판단해선 안 됩니다. 어떤 외적인 조건에도 흔들리지 않는 상대방의 믿음과 인격과 비전과 성품과 실력을 보는 것이 아름다운 가정으로 가는 지름길입니다.

그래서 우리는 믿음 좋은 사람에게 눈이 갑니다. 그런 사람이 매력적으로 보이는 것은 당연한 일입니다. 믿음 안에 거하시기 바랍니다. 믿음 안에 거하는 나를 이글거리는 눈빛으로 바라보는 사람들이 수없이 생겨날 것입니다.

내 짝이 준비되도록 기도하라

어린 시절부터 나는 행복하지 못한 가정과 부부들을 많이 보아 왔습니다. 그런데 마침 대학에 들어가면서부터 어느 목사님께서 배우자를 위한 기도를 하라고 권면해 주셨고, 그에 따라 나는 합당한 배우자를 찾기 위해 기도하기 시작했습니다.

"하나님, 어딘가에 있을 제 배우자를 주님은 아시지요? 그 자매를 지켜 주세요. 자매가 날마다 신앙으로 성장하고 성숙할 수 있도록 인도해 주세요. 건강을 지켜 주세요. 지혜롭게 해 주세요."

나는 나를 향한 하나님의 놀라우신 계획과 사랑을 믿었기에 그 가운데 멋진 배우자를 보내 주실 것을 또한 믿었습니다. 나를 향한 하나님의 계획을 실현하시는 데에 배우자와의 만남과 동행이 반드시 있으리라는 사실을 믿었습니다.

그래서 나는 어딘가에 있을 배우자를 위해 여섯 가지 기도제목을 놓고 기도를 드렸습니다.

그 첫 번째가 자매의 신앙이었습니다.

> "고운 것도 거짓되고 아름다운 것도 헛되나 오직 여호와를 경외
> 하는 여자는 칭찬을 받을 것이라"(잠 31:30).

하나님을 알되 하나님을 뜨겁게 사랑하는 자매이기를 바랐습니다. 하나님 안에서 삶의 목적과 기쁨을 발견할 줄 아는 자매이기를 소원했습니다. 그 자매에게 성숙한 믿음이 생기도록 날마다 기도 드렸습니다. 우리의 결혼은 곧 하나님을 향한 믿음의 결합이기를 소망했습니다.

두 번째가 자매의 건강이었습니다.

> "누가 현숙한 여인을 찾아 얻겠느냐 그 값은 진주보다 더하니
> 라…밤이 새기 전에 일어나서 그 집 사람에게 식물을 나눠 주며
> 여종에게 일을 정하여 맡기며 밭을 간품하여 사며 그 손으로 번
> 것을 가지고 포도원을 심으며 힘으로 허리를 묶으며 그 팔을 강
> 하게 하며"(잠 31:10, 15-17).

결혼을 하면 자녀도 낳아 키워야 하고, 많은 사역도 감당해야 하는데 서로의 건강 때문에 날마다 어려움을 겪는다면 얼마나 힘이 들겠습니까? 자녀를 잘 양육하면서도 우리의 비전을 이루기 위해서는 서로 건강해야겠다는 생각이 들었습니다. 그 건강한 에너지를 하나님의 사역을 감당하는 데 함께 쏟고 싶었습니다.

"하나님, 그 자매 아시죠? 건강을 지켜 주시고 체력을 키워 주세요. 일평생 건강 때문에 힘들 일 없도록 건강한 몸을 허락해 주세요."

물론 건강이란 좋았다가 나빠질 수 있고, 나빴다가 좋아질 수도 있는 외적 조건입니다. 그래서 건강을 결혼의 제일 조건으로 삼는 것도 어떤 면에선 위험합니다. 결혼 후에도 어떤 질병에 걸릴지 장담할 수 없고, 설사 몸이 약해진 그때에도 상대방의 모든 연약함을 껴안고 함께 그 길을 걸어가야 하기 때문입니다.

그러나 결혼에 앞서 상대방의 건강 여부를 점검하는 것은 반드시 필요합니다. 특히 유전적 질병과 정신질환 등에 대한 점검을 통해 서로가 결혼 생활을 영위할 만한지를 살펴봐야 합니다. 아무것도 알아보지 않거나 '별거 아니겠지?'라는 마음으로 결혼했다가 "속았다"는 반응을 보이거나 그 많은 어려움들을 감당하지 못해 파탄 지경에 이르는 부부가 얼마나 많은지 모릅니다. 마음은 아프더라도 차라리 혼자 살았다면 덜 받았을 상처를 결혼함으로써 더욱 크게 받는 사람도 많이 있습니다.

상대방의 건강에 문제가 있음을 알면서도 결혼을 강행하는 경우는 신중하게 자기 자신의 마음 상태를 점검해 봐야 합니다. 동정이나 연민에 의한 결합은 반드시 깨어지기 때문에 깊은 신뢰를 바탕으로 한 사랑의 결정인지를 확인할 필요가 있습니다. 만약 그렇지 않다면 결혼한 후에 상대방에게 더 깊은 상처를 줄 수 있습니다. 매우 드물긴 하지만, 심각한 질병에 걸린 사람과 결혼해서 헌신적인 사랑으로 살펴주고 기도해 줌으로써 아름다운 열매를 맺는 위대한 커플들도 있습니다. 그러나 이런 커플들은 동정이나 연민에 의한 결합이 아니었으리라 확신합니다.

세 번째가 지혜로운 아내를 허락해 달라는 것이었습니다.

"능력과 존귀로 옷을 삼고 후일을 웃으며 입을 열어 지혜를 베풀며 그 혀로 인애의 법을 말하며"(잠 31:25-26).

여자의 지혜는 가족들을 살리기도 죽이기도 하는 힘이 있습니다. 잠언 말씀 중 지혜와 인애의 법이란 자식들에 대한 가르침을 뜻합니다. 지혜로운 어머니는 자식들을 훌륭하게 키워 냅니다. 지혜로운 아내는 남편을 성공적으로 내조합니다. 지혜롭게 권면하고 지혜롭게 위로할 줄 압니다. 나는 그런 지혜로운 여자를 만나고 싶었습니다.

네 번째가 서로 대화가 잘 통하는 친구 같은 자매를 원한다는 것이었습니다.

"다투는 부녀는 비 오는 날에 이어 떨어지는 물방울이라 그를 제어하기가 바람을 제어하는 것 같고 오른손으로 기름을 움키는 것 같으니라 철이 철을 날카롭게 하는 것같이 사람이 그 친구의 얼굴을 빛나게 하느니라"(잠 27:15-17).

다투기를 좋아하는 아내의 짜증나는 성품을 묘사한 15-16절 말씀과는 달리, 17절에서는 친구의 얼굴을 빛내 주는 사람에 대해 말씀하고 있습니다. 서로의 약한 모습을 격려하고 모난 부분을 지혜롭게 권면할 줄 아는 친구는 상대방의 얼굴을 빛나게 해 줍니다. 상대방에게 발전을 가져다줍니다. 배우자 사이에도 서로 이와 같은 영향력을 줄 수 있다면 얼마나 좋겠습니까?

또한 친구는 어느 누구보다 편안한 대화상대가 되어야 합니다. 서로 간에 허물없이 대화를 주고받을 수 있어야 합니다. 일반적으로 남자는 정보에 민감한 편이고, 여자는 관계에 민감한 편입니다. 남자들이 시사에 관한 이야기를 많이 하는 것이나 여자들이 인격적인 대화를 많이 하는 것은 그 때문입니다. 남편이나 아내는 이렇게 남자와 여자가 다르다는 사실을 알고 그에 맞춰 서로 노력할 필요가 있습니다. 서로를 위해 공부도 하고, 깊이 배려도 할 줄 아는 자세를 갖춰야 합니다.

"요즘 걸프 만이 참 어려운데…."

"뭐라고라? 골프 치기가 어렵다고라?"

이런 식으로 나오면 대화가 이어질 리 없습니다.

"여보, 요즘도 당신 눈엔 내가 제일 예쁘지?"

"이 사람은 아줌마가 되어 갖고 허구한 날 그 타령이냐? 먹고 살기도 힘들어 죽겠구만."

이렇게 면박을 주는 부부 사이에는 친구 같은 신의와 편안함과 깊은 정이 쌓일 수 없습니다. 이 세상 어느 누구보다 가장 편안하게 대화를 주고받을 수 있는 사람이야말로 이상적인 배우자란 생각이 듭니다.

다섯 번째는 비전에 관한 부분이었습니다. 적어도 부부라면 비전이 같아야 한다고 믿습니다. 비전이 다르면 방향이 다릅니다. 방향이 다르면 일치를 이룰 수가 없습니다. 나는 젊은 시절에 나를 향하신 하나님의 계획하심과 사랑을 깨닫고는 일부러 마취과를 선택해서 마취과 의사의 길을 걸어갔습니다. 직업을 가진 평신도 사역자가 되어서 전 세계를 돌며 청년 사역을 하고 싶었기 때문에 가장 개인 시간이 많은 마취과를 선택한 것입니다. 그런데 제 아내가 그런 나를 비아냥거리며 못마땅해 했다면 내가 그 사역을 제대로 감당할 수 있었겠습니까? "돈 벌어올 생각은 안 하고 이상한 짓거리나 하고 다닌다"며 비난했다면 과연 내 가정의 모습을 통해 하나님께 영광을 돌릴 수 있었겠습니까?

그런 점에서도 배우자감은 자신과 비전이 일치해야 합니다. 같은 곳을 바라보며 꿈꿀 수 있을 때 부부는 하나님 안에서의 기쁨과 보람을 느끼는 법입니다. 비전이 다르면 평생 서로 다른 방향을 바라보며 살아가는 것과 같습니다. 한 사람은 나가는 선교사에 대한 비전에 불타고, 한 사람은 보내는 선교사에 대한 비전에 불타오르면 그 두 사람은 평생 헤어져 살아야합니다. 한 사람은 소박한 농군으로서의 삶을 가장 가치 있게 여기고, 다른 한 사람은 도시적인 화려함을 꿈꾸고 살면 두 사람은 언젠가 돌아설 확률이 높습니다. 성품에서 오는 차이점은 서로에게 유익이 되기도 하지만, 비전이 다르다는 것은 서로에게 상처를 줄 가능성이 많습니다. 한 하나님을 섬기되 한 방향을 꿈꾸는 비전의 일치는 두 사람에게 폭발적인 에너지를 자아냅니다. 작은 불꽃 두 개에 불과했던 두 사람의 결합으로 인해 큰 불덩어리가 생성됩니다.

마지막 여섯 번째는 그렇게 귀한 자매를 만나기까지 그 자매를 하나님께서 장중에 붙들어 주시기를 바란다는 것이었습니다. "머리털 하나 상치 않게 하시고 날마다 신앙이 성장하게 하시며 날마다 하나님과 동행하는 삶을 살게 해 주세요"라는 기도를 드림으로써 나 자신 또한 그렇게 살아갈 것을 하나님 앞에 결단하곤 했습니다.

형제라면 모두 잠언 31장에 나오는 '현숙한 여인'을 얻고 싶어 할 것입니다. 그런데 문제는 현숙한 자매가 그리 많지 않다는 것입니다. 그들은 고상한 남자들과 마찬가지로 드물기 때문에 더욱 귀할 수 있습니다. 그 귀한 자매를 어떻게 얻을 수 있습니까?

> "누가 현숙한 여인을 찾아 얻겠느냐 그 값은 진주보다 더하니라"(잠 31:10).

진주보다 더욱 귀한 현숙한 여인을 얻기 원한다면 우리는 마땅히 기도해야 합니다. 기도하면서 우리 자신도 그런 여인과 어울릴 만한 사람이 되도록 가꾸어야 합니다.

잠언에는 이런 말씀도 있습니다.

> "어진 여인은 그 지아비의 면류관이나 욕을 끼치는 여인은
> 그 지아비로 뼈가 썩음 같게 하느니라"(잠 12:4).

어진 성품의 여인은 그녀의 남편을 당당하고 영화롭게 하지만 욕을 끼치는 여인은 남편의 애간장을 태운다는 말씀입니다. 아내를 통해 남편이 살기도 하지만, 잘못하면 죽기도 한다는 뜻입니다. 이는 곧 우리 자신에게

도 해당되는 말씀입니다. 나를 통해 상대방이 살기도 하지만 나로 인해 상대방의 뼈가 썩을 수도 있다는 사실을 알아야 합니다. 그래서 우리는 좋은 배우자를 만나기 위해 서로 기도해야 합니다. 기도하면서 나 자신이 좋은 배우자가 되는 일에도 힘써야 합니다.

또한 배우자를 위한 기도가 나 자신의 유익을 위한 기도인지, 하나님의 뜻에 맞는 기도인지 점검해야 합니다. 나의 유익을 위한 기도가 아닌, 하나님의 영광을 위한 기도를 드릴 때 하나님께선 그 기도에 대한 응답을 정확하게 해 주십니다.

하나님과의 합동작전

나는 위의 여섯 가지를 놓고 배우자를 위한 기도를 드렸지만 이를 보다 더 구체화해서 자매의 분위기는 어떠해야 하고, 자매의 직업은 어떠해야 하며, 키는 몇 센티여야 하고, 돈은 얼마를 갖고 있어야 한다는 등 외적 조건을 바라는 기도를 드린 적은 한 번도 없었습니다. 무엇이든 내가 주문하는 것보다 하나님께서 이미 예비해 놓으신 것이 더 아름다울 거라는 사실을 믿었기 때문에 다른 모든 기도제목에 앞서 하나님께서 그 자매를 지켜주시고 성장시켜 달라는 기도를 열심히 드렸습니다. 어느 목사님의 권유로 시작된 배우자를 위한 기도는 18세부터 시작해서 23세까지 이어졌고 그때 비로소 지금의 제 아내를 만나는 축복을 받았습니다.

하나님께서는 모든 것을 가장 잘 아는 분이시므로, 내게 가장 잘 맞는 최고의 사람을 알고 계십니다. 따라서 우리 스스로 모든 것을 결정하기 전에 먼저 하나님께 결재를 받아야 합니다. 하나님 뜻을 구해야 한다는 것입니다. 우리가 배우자를 위한 기도를 드리는 것도 결국은 하나님과 상의하는 작업입니다. 우리는 지금 내 눈 앞에 있는 현재의 사람만 볼 수 있지만, 하나님께서는 그 사람의 일생을 보시기 때문에 그와 내가 가장 잘 맞는 사람인지 아닌지 아십니다. 그런 하나님께 기도를 드리기 시작하면 하나님께서는 우리의 감정과 정서와 만남과 판단력 등 어떤 방법을 동원해서라도 당신의 뜻을 알게 해 주십니다. 감정적인 사랑의 느낌도 갖게 하시고, 영적인 분별력도 허락하시며, 지혜로운 판단력도 갖게 하십니다. 반면, 하나님과 상의하지 않는 데이트는 극단적인 감정으로만 치우치기 쉽습니다. 감정적인 뜨거움만이 사랑의 전부라 생각해서 불꽃 같은 사랑을 나누다가 허망한 재만 남겨 놓습니다. 혹은 외적 조건만을 따지는 냉철한 판단력으로 결혼했다가 불행한 결혼생활을 초래하기도 합니다.

하나님께서는 각자에게 가장 어울리는 사람과의 만남을 주선해 주시면서 각자의 감정과 의지와 지성을 사용하십니다. 호감을 갖는 단계, 좋아하는 감정의 단계를 거치도록 하되, 그런 연후에는 반드시 지혜로운 판단의 단계를 거쳐 가기를 원하십니다. 배우자를 선택하는 지혜는 우리 모두에게 매우 필요한 지혜입니다. 서로 사랑한다는 것을 전제하더라도, 내가 그 사람에게 적합한 사람인지, 혹은 그 사람이 나에게 적합한 사람인지를 판단할 수 있을 때 아름다운 가정이 이루어집니다. 따라서 "사랑 하나면 다 된다."는 식의 '사랑 지상주의'는 너무도 위험한 사상이 아닐 수 없습니다. 연애 시절에는 죽을 만큼 서로 사랑했다가 결혼 후에는 죽이지 못해 사는 사람들이 많은 것도 따지고 보면 감정에 치우친 결과들입니다.

사랑은 감정적인 작용이지만, 반드시 현실의 토대 위에 열매 맺는 속성을 지녔음을 잊지 마시기 바랍니다. 사랑의 시작은 감정이므로, 처음엔 서로 좋아한다는 사실만으로도 세상을 다 얻은 것 같습니다. 그러다가 언젠가는 반드시 현실로 접어듭니다. 결국 현실 속에서 상대방을 보게 되고, 현실 속에서 상대방을 포용해야 합니다. 부족한 서로의 모습과 배경 위에서 상대방을 품어야 합니다. 따라서 사랑은 지극히 현실적인 문제입니다.

그런데도 좋아하는 감정 하나만을 갖고 결혼까지 이른다거나 극단적인 데이트를 즐기면 돌이킬 수 없는 상처를 남기고 맙니다. 반드시 현실의 토대 위에서 상대방과 내가 가장 적합한 배우자인지 확인하는 지혜가 필요합니다. 상대방의 장점과 단점을 알아가면서 내가 그런 부분들을 동정이 아닌 진심어린 신뢰와 사랑으로 포용할 수 있는지 점검해야 합니다. 상대방의 단점으로 인해 노출되는 현실적인 어려움들도 함께 헤쳐 나갈 준비가 되어 있는지 판단해야 합니다. 그 사람의 기질과 나의 기질이 잘 맞는지, 성격적인 차이점을 어떻게 극복해야 하는지(「기질학습과 영적 성숙」(두란노)를 참조), 신앙적인 배경과 색채가 나와 조화를 이루는지, 상대방의 건강 상태와 내 건강 상태가 결혼을 이루기에 적합한지, 두 사람을 향한 부모님들의 의견은 어떠한지 살펴보는 지혜가 필요합니다. 심지어 상대방의 생활습관과 나의 생활습관까지 점검해 보면 더욱 좋습니다.

제가 아는 한 커플은 연애 시절에는 매우 사이가 좋았습니다. 서로 싸움도 거의 없었고, 성격적으로도 잘 맞는다고 판단되었습니다. 그런데 결혼한 후부터가 문제였습니다. 남자는 컴퓨터 게임 매니아였습니다. 쉬는 날에도 컴퓨터 앞에 앉아 게임에만 열중했습니다. 그런 남편을 향해 아내는 잔소리도 해 보고 협박도 해 봤지만 게임에 대한 남편의 습관은 고쳐지지 않았습니다. 때로는 아내가 잠이 들면 몰래 일어나 컴퓨터 게임을 하고, 아내가 부엌에서 일하고 있는 그 시간에는 부리나케 컴퓨터 앞에 달려가 앉았습니다. 결혼 전까지 형성된 남편의 습관이 고쳐지지 않았던 것입니다.

그러자 아내는 점점 남편과 함께 집에 있는 게 싫어졌다고 합니다. 남편이 집에 있으면 짜증스럽고 한심스러워 쉬는 날이 다가오면 극도의 스트레스를 받기 시작했습니다. 점점 남편에 대한 존경심이 사라지면서 부부 관계는 짜증과 불평으로 가득 찼습니다. 그 아내는 나와 상담하면서 이런 말을 남겼습니다.

"어떤 여자는 남편이 집에 있으면 너무 좋다고 하는데, 나는 한 번도 그런 걸 못 느껴봤어요. 집에 있는 날은 책도 좀 보고, 아이들과 놀아 주고, 집안일도 도와주면 오죽 좋아요? 그런데 우리 남편은 컴퓨터 게임만 하고 앉아 있으니 얼마나 한심스러운지 몰라요. 컴퓨터 게임에 빠지면 서너 시간 지나가는 것은 순식간이잖아요. 게다가 내가 싫은 내색이라도 하면 오히려 자기가 화를 내요. 나는 남편을 존경하면서 살고 싶은데 우리 사이엔 짜증과 한숨만 있는 것 같아요."

잘못된 생활습관이 별로 문제될 것 같지 않아도 사실은 가정을 파괴하는 심각한 주범임을 아는 사람들은 많지 않은 것 같습니다. 이 외에도 충동구매를 잘하는 생활습관이나 거짓말을 진실처럼 말하는 습관 등 훗날 가정생활을 이루는 데 치명적인 습관들이 있습니다. 그래서 우리는 배우자를 선택하기 전에 상대방과 많은 이야기를 나누어 봐야 합니다. 나의 나쁜 생활습관도 장차 이룰 가정을 위해 올바르게 고쳐 나가야 합니다. 오픈 데이트를 통해 영적 지도자의 조언도 들을 필요성이 있습니다. "사랑 하나면 됐지 뭐"라는 태도로 모든 것을 감정에만 맡겨 버리면 결코 좋은 결합을 이룰 수 없습니다.

그렇다고 해서 우리가 완벽한 선택을 할 수 있다는 뜻은 아닙니다. 다만, 우리 인생의 가장 중요한 만남인 배우자와의 만남을 위해 하나님과 늘 상의하면서 자신과 상대방을 돌아보는 태도는 아름다운 가정으로 가는 지름길이라는 사실을 말씀드리고자 합니다.

> "너는 범사에 그를 인정하라 그리하면 네 길을 지도하시리라"(잠 3:6).

부모님의 조언

데이트를 하면서 배우자를 선택하고 결혼에 이르는 그 모든 과정을 하나님과 상의해야 하는 것은 필수입니다. 그런데 많은 사람들이 이것까지는 잘하면서 부모님과 상의하는 것은 간과해 버립니다.

부모님과 상의해야 하는 첫째 이유는 상대방과 내 가족 혹은 나와 상대방 가족이 잘 어울릴 수 있는지 알아야 하기 때문입니다. 결혼은 나와 어떤 한 사람이 만나 둘이서만 하는 것이 아닙니다. 결혼을 하면 새로운 가족 관계가 형성됩니다. 따라서 이 새로운 관계에 갈등이 생기면 두 사람의 결혼생활에도 치명적인 상처가 남습니다. 이때에는 이미 두 사람만의 문제가 아닌 까닭에 어떻게 해결해 볼 도리가 없습니다. 따라서 데이트를 하면서 좀 더 깊은 관계에 이르면 가족들과의 자연스런 만남도 가져 보는 게 좋습니다. 상대방에게 미리 부담을 주라는 뜻이 아닙니다. 나 역시 상대방의 가족과 한두 번씩은 만남을 가져 보는 게 좋습니다. 친한 친구 사이에 그 집을 방문하여 식사를 하는 일이 자연스러운 일이듯, 이성과의 데이트에서도 상대방의 동생이나 형을 만나 보는 일이 자연스러울 만큼 오픈하라는 것입니다. 데이트는 서로에 대한 사랑의 확인 과정임과 동시에 서로의 가족을 섬기며 사랑할 수 있는지에 대한 준비 과정이라고 할 수 있습니다. 이것은 결혼 후의 행복을 좌우하는 중요한 잣대 중 하나이기도 합니다.

나의 아내는 시아버지를 참으로 공경하고 사랑합니다. 이 점으로 인해 내가 얼마나 아내에게 고마워하는지 모릅니다. 아버지께 나보다 더 마음을 쓸 줄 압니다. 많은 경우 여자들이 어떻습니까?

"자기 어머니니까 자기가 더 신경을 써야 할 거 아냐?"

'자기 어머니' 라는 표현에서부터 시부모님에 대한 분리 의식이 깃들어 있습니다. 물론 이렇게 되기까지 시댁 식구들이 여자들에게 주는 상처도 많았겠지만, 그렇다고 이런 표현을 서슴없이 쓴다면 고부 갈등의 해결은 쉽지 않습니다. 결혼 후에는 자기 어머니, 내 어머니 할 것 없이 서로 내 부모님으로 100퍼센트 수용하는 마음을 가져야 합니다. 이것을 인정하지 못하기 때문에 시부모님께 신경 써 드리는 게 싫고, 장인, 장모님의 어려움을 보살펴 드리는 게 괜히 억울하게 느껴지는 것입니다. 시부모든 처부모든 일단 내 부모님으로 인정할 수 있는 성품과 덕목이 갖춰져 있어야 합니다.

나의 아내는 그런 면에서 칭찬할 만한 사람입니다. 얼마나 아버지 마음을 잘 살펴드렸는지 내가 아버지께 전화를 드리면 무뚝뚝한 아버지는 대뜸 "며느리 바꿔라"는 말씀부터 하십니다. 당신의 속내를 며느리에게는 다 보여 주시고, 내게는 별로 할 말씀이 없으신가 봅니다. 아내와 통화를 하면 길게 하시고, 나하고는 간단명료하게만 말씀을 나누십니다. 아내는 아버지께 안부전화를 드리도록 하기 위해 내게 전화기까지 갖다 줍니다.

"여보, 오늘 아버님께 전화 안 드렸죠. 전화 드리세요. 아들 목소리 듣고 싶으실 거예요."

한번은 열흘 쯤 해외 집회가 있어 다녀오는 길에 아내가 마중을 나온 일이 있었습니다. 피곤한 나는 아내의 배려에 고마워하며 차를 탔는데, 아내는 이런 말부터 합니다.

"여보, 다녀오느라 고생하셨죠? 일단 아버님한테 전화부터 드리세요. 열흘 동안 못 뵈었으니 보고 싶으실 거예요. 지금 전화 드려서 가는 길에 저녁식사라도 대접해요."

그때서야 나는 '아, 맞다. 아버지께서 나를 기다리고 계시겠구나' 라고 생각합니다. 표현은 안 하지만 그렇게 챙겨 주는 아내가 한없이 고맙습니다.

남자는 사람을 챙기고 세세하게 살피는 일에 비교적 둔한 편입니다. 아버지를 마음 깊이 사랑하면서도 어떻게 살펴드려야 하는지 잘 모릅니다. 그런데 그런 둔한 남편을 위한 아내의 현명한 내조는 남편의 어깨에 힘을 불어넣어 줍니다. 반면, "자기 아버진데, 그걸 꼭 내가 챙겨야 해?" 이렇게 나오면 남편들은 할 말이 없습니다.

남편들도 마찬가지입니다. 시댁을 위해 경제적인 지원을 하는 것은 당연하게 여기면서 처가를 위해 경제적인 도움을 드리는 것은 큰 벼슬로 생각합니다. 당연한 일을 했을 뿐인데도 아내에게 허세를 부립니다. 심지어 그것을 이혼 사유로 들고 나오는 사람도 있습니다. 따라서 우리는 결혼 전에 상대방이나 나나 서로의 가족을 포용하고 사랑할 준비가 되어 있는지 살펴보는 지혜를 발휘해야 합니다.

데이트 과정에서 부모님과 상의를 해야 하는 두 번째 이유는 부모님의 승인과 축복을 받는 결혼이 행복한 결혼생활로 이끌어질 가능성이 높기 때문입니다. 부모님은 살아온 경륜과 연륜이 우리보다 훨씬 앞서는 분이십니다. 나를 객관적으로 파악하시기 때문에 어떤 사람이 나와 잘 맞는지 객관적으로 알 수 있는 분이기도 합니다. 사랑의 감정에만 깊이 도취된 사람에게 부모의 조언은 중요한 지침이 됩니다. 반드시 부모님의 승인을 얻은 후에 축복받는 결혼식을 하리라는 자식의 마음은 데이트를 성숙하게 이끕니다.

나는 아내를 만나기 전에 한 여성을 사랑한 적이 있었습니다. 몇 사람과 교제를 해 왔던 터였지만 그 자매와의 만남을 통해 사랑의 감정에 처음으로 깊이 빠져 보았다 해도 과언이 아니었습니다. 약 일 년 동안 지속적으로 만나면서 결혼까지 결심할 만큼 자매를 마음에 두었습니다. 그러나 자매의 어떤 한 가지 단점은 아버지의 가치 기준에 매우 위배되었습니다. 나는 아버지의 그 가치 기준을 중요하면서도 옳다고 생각했기에 고민하지 않을 수 없었습니다. 아버지께서 결혼을 승낙하시지도 않을 뿐더러 결혼 후에는 문제가 될 게 틀림없었습니다.
"하나님 어떻게 하면 좋습니까? 이 자매와 결혼하면 이 문제는 우리 부모님과 큰 마찰을 일으킬 테고, 그러면 나는 너무도 괴로워서 하나님 일도 제대로 할 수 없을 것 같습니다."

결국 나는 마음의 아픔을 간직한 채 이별을 선택했습니다. 마음은 아팠지만 그것이 서로를 위한 현명한 선택이라 믿었습니다. 나 역시 상대방의 그 단점을 끝까지 포용할 만한 사람이 아님을 정직하게 인정하고 보니, 헤어지는 것이 인생의 장기전을 성공적으로 이끄는 데 필요한 일임을 알 수 있었습니다. 결국 나는 그 자매와 헤어진 7개월 뒤에 지금의 제 아내를 만났고, 아내는 모든 면에서 나의 기도제목에 대한 응답으로 다가왔습니다.

이처럼 반드시 부모님에게서 축복받는 결혼을 하리라는 결심은 데이트를 성숙하게 이끌어 줍니다. 부모님께서 두 손 들어 그 결혼을 축복하실 때, 그 가정에 하나님의 축복이 임하십니다. 그러나 예외 없는 규칙은 없다고, 영적 현장에 서 있는 우리들에겐 예외의 경우가 찾아올 수 있습니다. 신실한 목회자 후보생이 불신자 가정의 신실한 자매와 결혼하려는 경우, 그 자매의 부모님들은 사윗감이 목회자 후보생이라는 이유로 필사적으로 반대할 수 있습니다. 돈을 절대적인 가치로 여기며 살아온 부모님들의 경우, 상대방의 가치를 지나치게 돈으로 판단해서 결혼을 반대합니다. 이럴 경우에는 영적 분별력을 갖고 하나님 앞에 기도하면서 스스로 후회하지 않을 선택을 해야 합니다. 부모님의 승인을 뒤로 할 만큼 상대방의 믿음과 성품과 애정과 비전에 대해 하나님의 흡족한 인정하심이 있는지 기도하면서 분별하고, 결혼에 한 발짝 다가서기를 바랍니다.

데이트를 시작하거나 진행할 때 부모님과 상의를 해야 하는 세 번째 이유는 부모님이야말로 우리의 가장 가까운 조언자가 될 수 있기 때문입니다. 이삭이 리브가를 만날 때도 아브라함은 이삭의 아내를 잘 택할 수 있는 방법을 알고 있었습니다(창세기 24장 참조). 실제로 부모는 자녀들에게 멋진 배우자를 만날 수 있도록 조언해 주는 역할을 처음부터 갖고 있는 사람들입니다. 특별히 남자는 아버지로부터, 여자는 어머니로부터 데이트에 대한 안내를 받는 것이 필요합니다. 남자가 누구인지, 여자가 누구인지에 대한 안내를 받으면서 데이트를 한다면 데이트를 건전하고 순결하게 이끌 수 있습니다. 부모님의 허락 아래 오픈 데이트를 하면 서로 실수할 위험도 줄어듭니다.

"엄마, 난 어떤 형제가 마음에 드는데 좀 기다려야 할까? 아니면 내가 좀 다가가 볼까요?"

"그래? 그 형제가 어떤 사람인데?"

이런 상의를 한다거나, 다음과 같은 대화를 나눠보는 것은 어떨까요?

"아빠, 요즘 만나는 여자가 있는데 얼굴이 너무 이쁜 거 있죠? 근데 성격이 얼마나 깐깐한지 몰라요."

"얼굴이 예쁘다니 참 좋겠다. 그런데 너 이거 알아 둬라. 얼굴은 성형수술하면 고칠 수 있지만, 성격은 돈 들여서도 못 고친다."

농담처럼 주고받는 이런 대화 속에서 데이트에 대한 상담을 부모님과 나누고, 그로써 가장 좋은 길, 부모님에게서 축복받는 길을 찾아가는 젊은 이들이 많았으면 좋겠습니다.

상대와 눈높이가 맞는가?

만남과 결혼에 대한 최종적인 결정은 당사자 사이에 이루어져야 합니다. 만남이나 결혼은 절대 어느 한쪽의 우격다짐으로 이루어져선 안 됩니다. 서로 마음을 합하여 '아, 이게 우리 모두에게 좋다'는 최종적인 결론이 도출될 때 데이트를 할 수 있고 결혼까지 이를 수 있는 것입니다.

어떤 형제는 "저 자매를 제게 주옵소서"라고 열심히 기도하다가 하나님께 응답을 받았다며 무조건 자매에게 돌진하기도 합니다. 그럴 때 그 자매는 얼마나 당혹스럽겠습니까? 자신은 응답 받은 게 전혀 없고, 그 형제에게 관심조차 없는데 무조건 '하나님 뜻'이라고 하면 어떻게 반응해야 합니까? 어떤 자매는 한꺼번에 대여섯 명이 달려들어 "기도해 봤더니 당신이 내 짝이라고 하더라"는 말을 들었다고 합니다.

우리는 우리 자신의 일방적이고 강렬한 요구를 성령의 강렬한 뜻으로 착각해서는 안 됩니다. 한 사람을 향한 사랑의 감정이 이미 불타오른 상태, 즉 "저 형제를 주시옵소서. 저 형제가 없으면 죽을 것 같습니다"라고 기도하는 상태에서 시편 20편을 펼치면 어떻게 됩니까?

> "네 마음의 소원대로 허락하시고 네 모든 도모를 이루시기를 원하노라"(시 20:4).

이 말씀을 읽는 순간, '아, 그 형제와 결혼하는 것이 하나님 뜻이다'라고 착각하게 됩니다. 그리고 달려듭니다.

"하나님께서 당신과 결혼하라고 하셨습니다. 이건 하나님 뜻입니다."

아직도 이렇게 응답받으며 살아가는 청년들이 의외로 많습니다. 하나님께선 우리에게 자연스런 만남을 통해 당신의 뜻을 보여 주는 분이심을 잊지 말아야 합니다. 결혼은 내가 일방적으로 하는 것이 아니라, 나와 상대방 쌍방 간에 이루어지는 일입니다. 따라서 두 사람의 마음에 함께 역사하시지, 한 사람에게 일방적인 확신을 심어 주시지 않습니다. 서로의 감정과 인식을 통해 당신의 뜻을 차근차근 보여 주는 분이 하나님이십니다. 서로 호감을 갖게 하고, 좋아하는 단계, 사랑하는 단계, 확신하는 단계를 자연스럽게 거치도록 하십니다. 서로 좋아하면서 가슴앓이를 했다가 상대방도 내게 호감을 갖고 있었다는 사실을 알았을 때의 벅찬 환희도 경험했다가 서로 비전이 안 맞고, 성품이 안 맞아 헤어지면서 나와 가장 잘 맞는 이상형은 어떤 사람인지를 스스로 깨닫도록 인도하시는 분이 하나님이십니다.

따라서 내 짝을 찾는 비결의 최종 단계는 상대와 눈높이를 맞추는 것입니다. 서로의 마음이 일치되어 있는지 확인하는 과정이지요. 그러므로 부모님들끼리 좋아서 결혼하는 것도 안 될 일입니다. 가장 중요한 것은 서로 간에 하나 된 마음, 합의된 내용이어야 함을 잊지 마시기 바랍니다.

사랑할까요,
결혼할까요?

여섯 번의 교제가 가져다 준 것

나는 젊은 시절에 여섯 번의 교제를 해 봤습니다. 그 교제 끝에 지금의 아내를 만났습니다. 여기서 교제라 함은 진지하게 서로를 알아 가는 데이트를 해 보았다는 뜻입니다. 여자를 보기만 해도 얼굴이 빨개졌던 나는 은혜를 체험하면서 데이트도 본격적으로 하게 되었습니다. 그리고 그 만남들을 통해 남자로서 한층 성숙해질 수 있었습니다. 나의 경험에 비추어 젊은이들이 왜 데이트를 해야 하는지, 데이트를 통해 무엇을 얻을 수 있는지 말해 보겠습니다.

내가 젊은이들에게 데이트를 권하는 첫 번째 이유는 건전한 데이트를 통해 인간에 대한 이해의 폭을 넓힐 수 있기 때문입니다. 다른 사람을 이해하는 능력이 생겨난다는 것입니다. 만약 이런 만남도 없이 옛날처럼 신혼 첫날밤에 신랑, 신부의 얼굴을 첫 대면하면 자기중심적인 결혼생활을 할 가능성이 높습니다. 상대방이 어떤 취향인지, 무엇을 필요로 하는지 모르기 때문에 자기중심적으로 생각하고 행동합니다. 데이트는 서로를 알아가는 과정입니다. 데이트를 하는 동안 서로 다르다는 것 때문에 부딪치기도 하고 갈등하기도 하면서 인간은 상대에 대해 이해하기 시작합니다. 처음엔 이해되지 않았던 일들도 '사랑'이라는 감정 안에서 이해되기 시작합니다. 그러다 보니 차츰 인간에 대한 이해의 폭이 넓어지고 성숙한 사람으로 변해 갑니다.

반면, 데이트를 별로 해 보지 않은 사람이 곧바로 결혼에 이른 경우, 남편을 이해하지 못하고 아내를 이해하지 못하는 일이 많습니다. 나의 한마디가 왜 저 사람의 기분을 상하게 했는지, 이런 행동이 왜 상대방에게 상처를 주는지 이해하지 못합니다. 그런 부부는 평생 그렇게 서로 마음의 상처를 안고 살아갑니다. 상대방을 위해서 하는 행동조차 상대방에게 상처를 줍니다.

"나는 당신을 위해서 한 일인데, 왜 그렇게 받아들여?"

"나를 위해서 한 일이라고요? 그게 어떻게 나를 위해서 한 일이에요? 그러면 진작에 그렇다고 얘기를 하던가, 당신이 생전 나를 위해 뭘 해 줘봤어야 내가 그런 쪽으로 받아들이죠."

"그걸 꼭 말을 해야 아나? 그리고 이날 입때껏 당신한테 못 해 준 건 또 뭐 있어?"

"당신이 해 준 게 뭐 있어요? 해 준 거 하나도 없어요."

이렇게 싸움이 진행됩니다. 나의 말과 행동도 어떻게 포장하느냐에 따라 상대방에게 호의로 다가가는지, 악의로 다가가는지에 대한 이해가 전혀 없는 까닭에 둘 사이에는 악순환만 되풀이됩니다. 인간에 대한 이해가 부족하기 때문에 상대를 이해하는 것뿐만 아니라 나를 어떻게 이해시켜야 하는지 알지 못합니다.

그런 면에서 교제를 하다가 설혹 실연을 당한다 해도 그것은 인생의 멋진 자산이 될 수 있습니다. 내가 그토록 간절히 원하는 상대에게서 냉담한 거절을 당할 때 우리에게는 비로소 인간에 대한 깊은 이해가 생겨납니다. 누군가에게 함부로 상처를 줘선 안 된다는 사실을 가슴으로 인식하게 되고, 사람이 무엇 때문에 살고 무엇 때문에 죽는지 알게 됩니다.

데이트의 유익 두 번째는 데이트를 통해 우리가 상호 의존적인 발전 관계로 변해간다는 점입니다. 다시 말하면 관계의 중심이 동성간의 우정 관계에서 이성간의 사랑 관계로 옮겨 가면서 청춘 남녀 두 사람에게는 서로서로 개발할 수 있는 능력이 생겨납니다. 서로를 의존하는 가운데 각자 성장해 가는 단계로 접어듭니다.

실제로 어떤 커플은 교제를 시작하면서부터 확연히 달라진 모습을 보여 줍니다. 누구의 말도 듣지 않고 마음을 잡지 못하던 한 형제가 사랑하는 자매를 만남으로 인해 그 사랑의 관계 속에서 변화되고 성장되는 모습을 보여 줍니다. 사랑하는 여자의 권면이나 부탁이, 혹은 그 존재 자체가 어느 누구의 말보다 남자를 변화시키는 강력한 힘으로 작용하는 것입니다. 또한 사람은 사랑하는 상대가 생기면 자기 자신의 정체성을 돌아보기 때문에 현실생활에 더욱 성실해질 수 있습니다.

데이트의 세 번째 유익은 무엇일까요? 남자의 남자 됨은 여자라는 거울 앞에 비춰 볼 때, 여자의 여자 됨은 남자라는 거울 앞에 비춰 볼 때 더 선명해지고 성숙해진다는 점입니다.

여자끼리 놀 때는 까불고 장난치면서 놀기 때문에 그 자신의 여성성이 개발되지 않습니다. 그러나 한 여자가 남자를 만나 사랑에 빠지는 순간 그녀는 벌써 숙녀로 변해 갑니다. 그녀에게 잠재된 아름다운 여성성이 개발되는 것입니다. 나는 중·고등학교 여학생들이 노는 것을 보고 깜짝 놀란 적이 있습니다. 일명, 말 타기 놀이를 하면서 신나게 노는 여학생들의 모습이란! 얼마나 터프한지 모릅니다. 그런 여학생들이 사랑에 빠져 보십시오. 언제 그랬냐는 듯 몸가짐 자체가 조신해집니다.

"요새 왜 이렇게 예뻐지는 거야? 누구 생겼나봐?"

이렇게 말하는 데에는 다 이유가 있습니다. 사랑에 빠지면 정말 예뻐집니다. 자신도 모르게 자신 안에 잠재된 여성성이 개발되면서 한층 더 영글고 성숙해지는 까닭에 다른 사람들이 그렇게 놀려대는 것입니다.

평소 말이 없고 내성적이었던 남성도 데이트를 하면 그에게 잠재된 남성성이 박력 있게 표출됩니다. 사랑하는 여자 앞에서는 무거운 것도 번쩍 번쩍 들어 올리고, 연약한 자를 향한 포용력도 넓어집니다. '어, 내게 이런 면이 있었네?'라며 스스로도 놀랄 정도입니다. 데이트의 힘, 사랑의 힘은 이렇게 놀라운 것입니다.

마지막 네 번째는 세상을 기쁘게 살아가는 힘을 얻는다는 점입니다. 데이트를 하는 동안은 세상이 기쁘고 즐겁습니다. 아침에 일어나도 오늘 하루가 기대되고, 아무리 힘든 일이 있어도 참을 만합니다. 언젠가 어떤 집사님께서 이런 말씀을 제게 들려주셨습니다.

"연애할 때는 사는 것 자체가 꿈이었어요. 회사에서 아무리 힘들게 일해도 그날 저녁에 애인을 만난다는 생각에 모든 게 참을 만하더라고요. 누가 괴롭혀도 참을 만하고, 누가 스트레스를 줘도 괜찮았어요. 며칠만 있으면 애인을 만난다는 사실은 그렇게 위로가 되고도 남더라고요. 아, 사랑은 그렇게 위대한 것이었어요."

사람마다 상대적인 차이는 있겠지만 젊은 시절의 데이트는 대부분의 사람들에게 활력을 줍니다. 마음에 즐거움을 안겨 줍니다. 마음에 기쁨이 찾아오면서 마음의 방황이 곧 안정감으로 바뀝니다.

이런 점에서 젊은 시절에는 데이트를 적극적으로 해 볼 만합니다. 그렇다고 해서 아무하고나 아무 때나 하라는 말은 아닙니다. 무작정 만나고 보자는 심사로 데이트를 위한 데이트를 즐겨서도 안 됩니다. 기다림이 있을 때 참된 기쁨도 얻을 수 있습니다.

그러면 어떻게 기다리고 어떻게 만나고 어떻게 데이트해야 할까요? 어떻게 해야 데이트를 아름답게 이끌 수 있고, 데이트가 가진 유익을 온전히 누릴 수 있을까요?

목적이 있는 만남이 아름답다

데이트의 목적이 무엇인지 분명하게 알지 못하면 우리는 무분별한 데이트에 빠지기 쉽습니다. 하지만 '젊은 날의 특권이 데이트라는데 일단 누구든 만나 그 시간을 즐기자'는 식으로 데이트를 진행하면 그 자신과 상대방의 미래를 망칠 수도 있습니다. 데이트를 위한 데이트, 욕망을 채우기 위한 데이트야말로 우리가 가진 물질과 시간과 거룩을 버리게 하는 주범입니다.

그리스도인들의 인생의 목적은 "하나님을 영화롭게 하고 영원토록 그를 즐거워하는 것"입니다. 하나님을 영화롭게 한다는 것은 어떤 삶을 뜻합니까? 하나님의 말씀대로, 하나님의 계명을 지키는 삶, 하나님을 기쁘시게 하는 삶을 말합니다. 그렇다면 하나님께선 왜 우리 인생의 목적을 '하나님께 영광을 두는 것'으로 설정하셨을까요? 그것은 하나님의 하나님 되심 때문입니다. 여호와는 만군의 하나님, 찬송 받으시기에 합당한 분이시기 때문입니다. 또한 그분이 우리 인간을 너무도 잘 아시기 때문입니다. 다시 말해 우리가 하나님께 영광 돌리는 삶을 살 때 우리 자신에게도 가장 좋은 결과가 돌아온다는 사실을 그분은 아셨습니다. 따라서 우리 데이트의 목적도 이와 같아야 합니다. '하나님께 영광이 되는 데이트'를 목적으로 삼아야 합니다. 그럴 때 하나님께도 영광이요, 우리 자신에게도 가장 아름다운 열매가 돌아옵니다. 이를 위해 무엇보다 육체적인 접촉을 하지 않아야 합니다.

나는 데이트를 시작하면서 데이트의 목적을 '하나님께 영광'으로 삼았습니다. 우리의 데이트하는 모습이 하나님의 미소를 자아내기를 바랐습니다. 데이트를 통해 절대로 상대방에게 상처를 남겨서는 안 된다고 생각했습니다. 그래서 언제든지 하나님께서 "아니다"라고 하셨을 때, 혹은 나 자신이 "이 사람은 나와 맞지 않는다"고 판단이 섰을 때 헤어질 수 있도록 깊이 배려하며 데이트를 했습니다. 육체적인 접촉을 피했던 것입니다. 육체적인 사랑을 통해 서로가 지나치게 친밀해져 버린 상태에서 헤어지면 그 상처가 얼마나 큰지 모릅니다. 물론 마음으로 사랑하다가 헤어져도 상처는 남는 법이지만, 그것은 오히려 성숙의 계기가 될 수도 있고, 시간이 흘러 자신의 배우자를 만나면 잊혀질 수 있는 상처입니다. 반면, 육체적인 상처는 일생 동안 남습니다.

남녀의 관계가 육체적으로 접어들면 아름다웠던 사랑의 관계가 동물적인 관계로 변화합니다. 그때부터는 당분간 서로의 몸에만 탐닉합니다. 이러한 탐닉은 일정 기간이 지나면 반드시 식게 되어 있습니다. 그러나 모든 과정의 일치를 이룬 후에 갖는 결혼 후의 육체적 결합은 부부 사이를 한층 더 사랑으로 지펴 줍니다.

남성들은 열다섯 살부터 스물다섯 살까지는 남성 호르몬 활동이 일생 중 최고치에 도달합니다. 이때는 성욕을 조절하기가 참으로 힘이 듭니다. 따라서 여성들이 개방적인 태도로 마구 다가오면 남성들은 얼마나 견뎌 내기 힘든지 모릅니다. 아무리 노력하고 잊어버리려 해도 소용이 없습니다. 그래서 데이트하는 청춘 남녀는 데이트의 목적을 더욱 분명히 해야 합니다. 젊은 날의 감정은 매우 폭발적인 힘을 지니기 때문에 '하나님께 영광'이라는 데이트의 목적을 흔들어 놓는 유혹이 자주 찾아올 수 있습니다. 자기 자신의 마음의 유혹이든 상대방의 유혹이든 그 유혹은 이겨 내기 어려울 만큼 매우 강력합니다.

그러나 그 마음에 하나님을 향한 중심이 굳건히 뿌리내린 사람이라면 이겨 낼 수 있습니다. 요셉이 보디발 장군의 집에서 그 아내의 유혹을 이겨 낸 사실을 보면 알 수 있습니다. 결혼하지 않은 미혼 남자가 적극적인 성적 유혹을 이겨 내는 것이 얼마나 힘든 일인 줄 아십니까? 더군다나 아무도 없는 집에서 아리따운 여성이 적극적으로 몸을 맡길 때 정상적인 남자라면 누구든 그 여자를 안고 싶은 마음이 들 것입니다. 요셉은 그런 욕망을 이겨 낸 사람이라는 점에서 위대했습니다. 여자에 대한 욕망 자체가 없는 사람이어서가 아니라 그 욕망을 이겨 냈다는 점에서 우리에게 모델이 되는 것입니다.

"그런즉 내가 어찌 이 큰 악을 행하여 하나님께 득죄하리이까"(창 39:9 하).

요셉은 하나님을 두려워했습니다. 보디발 장군에게 쫓겨날 것이 두려운 게 아니었습니다. 그 아내의 요구를 들어 주었다 해도 그녀가 입을 다물면 그뿐, 들킬 염려는 별로 없었습니다. 요셉은 하나님의 명령대로 살아가기를 기뻐하는 사람이었습니다. 하나님을 향한 믿음이 그의 욕망을 제어했던 것입니다.

요즘 세대는 성문화 자체가 매우 개방되어 있습니다. 하나님의 말씀 안에서 사는 자의 축복에 대해서는 관심이 없고 대신 '사랑 지상주의'를 기준으로 성문화가 흘러갑니다. 사랑 자체는 아름다운 것이지만, 사랑이라는 감정만으로 모든 것에 면죄부를 받을 수 있다고 생각하는 것은 죄악입니다. 그것은 사랑 자체를 우상으로 삼는 일입니다. 미혼 남녀 사이에 거리낌 없이 육체적인 관계를 갖는 것이나, 서슴없이 불륜을 저지르는 일이 우리 주변에 얼마나 많습니까?

"우린 서로 뜨겁게 사랑하는데요. 사랑하는데 뭐가 문제됩니까?"

이렇게들 얘기합니다. 그러나 솔직해져야 합니다. 사랑이 아니라 욕망이 아닌지, 사랑이 아니라 욕심이 아닌지, 사랑이 아니라 탐닉이 아닌지 돌아봐야 합니다. 우리 인간은 하나님 뜻을 거스를 때 죄책감을 느끼도록 설계되어 있습니다. 그래서 결혼 전에 육체관계로 접어들면 죄책감이라는 감정이 생기고, 이것으로 인해 사탄의 마수에 걸려듭니다.

"네가 그리스도인이야? 차라리 교회를 떠나. 나 같으면 두 얼굴을 한 채 예수님 믿는다고 하지 않는다. 차라리 교회를 안 다니는 게 더 양심적이야."

사탄은 이렇게 손짓합니다. 그래서 교제를 하다가 교회를 떠나는 청춘 남녀들이 얼마나 많은지 모릅니다. 또한 육체적인 관계를 통해 마음에 죄책감이나 부담감이 들어온 영혼은 상대방의 존귀함을 잊어버립니다. 더 이상 상대방을 섬기면서 알아 가려는 열정에 사로잡히지 않습니다. 인격적인 관계에서 동물적인 관계로 뒤바뀝니다. 상대방의 육체를 뜨겁게 탐닉하는 그 순간이 지나면, 상대방을 알아 가고 싶은 마음의 열정이 어느덧 한 줌의 재로 변해 버립니다. 성이란 참으로 오묘하고 신비합니다. 결혼 후의 성은 부부관계를 더욱 아름답게 이어 주지만, 결혼 전의 성은 그 관계를 파괴합니다. 아름다운 사랑과 인격의 관계를 파괴하고 마는 것입니다.

시작은 I like you 로

하나님께 영광을 돌리기 위한 데이트의 두 번째 전제는 데이트의 내용을 무엇으로 삼느냐입니다. 나는 데이트를 하는 동안 우리의 데이트하는 모습이 하나님 보시기에도 예쁘고 아름답기를 소원했습니다. 예쁘게 사귀는 모습과 과정을 통해 하나님께서 나에게 허락하신 자매를 잘 찾아갈 수 있기를 바랐습니다. 데이트를 위한 데이트가 아니라 배우자를 만나기 위한 데이트, 아름다운 가정을 이루기 위한 준비 단계로서 데이트의 내용을 바라보았습니다. 여러분은 어떻습니까? 혹 이렇게 반문하는 사람이 있을지 모르겠습니다.

"어차피 결혼하면 평생 동안 그 사람만 바라보며 살아갈 텐데 꼭 데이트의 내용까지 배우자를 만나기 위한 과정으로 삼아야 하나요?"

그러나 한번 그렇게 해 보십시오. 그것만큼 재미있는 일도 없습니다. 생각해 보세요. 사람을 깊이 알아 가는 일만큼 놀랍고 신비한 일이 어디 있는지? 예부터 "열 길 물 속은 알아도 한 길 사람 속은 모른다"고 했습니다. 한 길밖에 안 되는 사람의 속사정이지만, 그 한 길 속에는 얼마나 많은 사연과 내용이 들어 있는지 모릅니다. 비단 이성관계뿐 아니라 모든 인간관계에서 우리는 이 한 길 사람 속을 알지 못해, 맞추지 못해 애를 먹습니다. 그러나 그 한 길 사람 속이 나와 잘 맞는다고 판단될 때, 내가 그토록 만나고 싶어 하던 사람의 속이었음을 알게 될 때의 기쁨은 얼마나 크겠습니까?

여러분 중에 혹 "나는 너무 괜찮은 사람이라 어떤 여자에게도 잘 맞출 수 있어. 그저 여자는 예쁘기만 하면 돼. 마음은 맞춰 가기 나름이니까"라고 생각하는 사람이 있습니까? 이것만큼 큰 교만이 없습니다. 어떤 여자와도 맞출 수 있다고 생각하는 남자는 다르게 표현하면 어떤 여자와도 정확하게 잘 맞출 수 없음을 의미합니다. 유연성이 지나친 나머지 바람기가 많아 결혼 후에도 이 여자, 저 여자 아무하고나 맞춰 가며 살아갈 가능성이 있습니다.

이성관계에서 아름다운 데이트를 통해 자신과 가장 잘 맞는 배우자를 찾아갔던 사람은 모든 인간관계에서도 성숙한 만남을 도모할 가능성이 큽니다. 그래서 훗날, 자신의 인생을 빛내 줄 조력자들도 잘 찾아낼 것입니다. 자신의 참모나, 자신이 모델로 삼아야 할 멘토까지 찾아낼 줄 아는 지혜를 갖추었기 때문입니다.

그렇다면 어떻게 데이트의 단계를 밟아가야 할까요? 어떻게 데이트하는 것이 배우자를 만나기 위한 데이트가 될 수 있을까요?

일반적으로 데이트의 시작은 우정의 단계에서 시작하는 게 좋습니다. 첫눈에 반해 결혼하는 것보다는 서로 시간을 갖고 친구처럼 알아 가다가 좋아하는 단계로 접어드는 것이 훨씬 좋다는 말입니다. 물론, 첫 만남에서 반할 수도 있습니다. 그러나 첫 만남에서 상대방의 외적 조건에 끌려 반했다면 자신의 마음 상태를 정직하게 들여다봐야 합니다. 한눈에 반한다는 것은 어떤 면에서 매우 충동적인 만남, 위험한 만남이 될 수 있기 때문입니다. 실제로 한눈에 반해 몇 년 동안 한 사람을 쫓아다닌 끝에 결혼까지 이른 커플들 중에는 환상을 좇아 결혼에 이른 경우가 없지 않습니다. 남자는 여자의 외모나 분위기라는 환상에, 여자는 자신을 향한 남자의 끊임없는 섬김의 열정이라는 환상 때문에 결혼까지 이릅니다. 그러나 결혼 후의 사랑은 현실에 기반을 둔 사랑이므로 환상이 반드시 깨어지게 되어 있습니다. 결혼 후에는 남자가 아닌 여자가 더 헌신적으로 섬겨야 하는 일이 많고, 결코 겉모습처럼 예쁘다고 할 수 없는 여자의 내면 상태를 남자가 포용해야 할 일도 많습니다. 이런 일들 앞에서 환상이 깨어진 커플들은 싸늘하게 식어 가는 사랑의 마음을 보고 당황합니다.

그러나 결혼 후에도 변함없이 사랑하며 살아가는 커플들은 처음엔 그저 친구처럼 지냈다는 경우가 많습니다. 그들의 사랑 전선 저변엔 친구 관계와 같은 우정의 뿌리가 깊이 내려 있음을 발견할 수 있습니다. 즉 교회 공동체나 선교단체 공동체, 직장 공동체에서 만난 커플들은 그저 처음엔 친구처럼 지내면서 상대방을 객관적인 시각으로 하나 둘씩 알아갑니다. 그러다가 어려운 일 앞에서 의기투합이 잘되었다거나 대화가 잘 통한다, 삶에 대한 가치관이 비슷하다는 사실을 알게 되면서 호감을 갖기 시작했다고 고백합니다. 이때에는 "이 남자 말고 다른 남자는 절대 안돼!"라는 게 없는 단계입니다. 따라서 상대방과 나에 대해 객관적이고 편안한 태도로 마음을 맞춰 갈 수 있습니다. 자연스럽게 신뢰와 우정의 뿌리가 자리 잡습니다. 집으로 치면 기초공사를 튼튼히 해 가는 단계라고 볼 수 있습니다. 청년들은 가능한 한 이런 단계를 밟아가는 게 좋습니다. 처음부터 반한 사람이 있더라도 그 마음을 절제하면서 좀 기다려보십시오. 연인 아닌 친구 사이가 되더라도 좋은 관계인지를 반드시 점검하는 게 상대방과 나를 위한 최상의 선택입니다.

나도 청년 시절엔 이런 단계를 밟아 가며 교제를 했습니다. 대화가 잘 통하는 친구 사이로 시작했다가 이성적인 호감의 단계로 그 단계를 발전시킨 것입니다.

그런데 예외 없는 규칙은 없다고, 지금의 아내를 만났을 때는 자칫 우정의 단계를 뛰어넘을 뻔 했습니다. 결혼 적령기에 아내를 소개받은 나는 정확하게 6시간 30분 만에 결혼 상대라는 확신이 들었습니다. 외적으로는 6시간 30분의 만남이었지만, 영적으로는 6년간의 기도 끝에 만난 사람이었기 때문에 그렇게도 빨리 확신할 수 있었는지 모릅니다. 6시간 30분 동안 두 사람이 얼마나 많은 대화를 나누었는지 모릅니다. 서로의 취향과 신앙과 비전을 나누면서 우리는 정말 시간 가는 줄 몰랐습니다. 첫 만남에서부터 강렬한 확신의 스파크가 일어났습니다. 그래서 하나님 앞에 기도한 뒤, 1주일 만에 편지를 보냈습니다.

"하나님께서 당신을 내 배우자로 허락하신 것에 대해 감사드립니다."

그런데 제 아내에게서 뭐라고 회답이 왔는지 아십니까?

"저도 정말 감사하고 기쁩니다."

이런 확신이 두 사람에게 동시에 찾아든다는 것은 매우 놀라운 일이었습니다. 그래도 우린 곧바로 결혼식을 치르지 않았습니다. 15개월간 우정과 신뢰의 교제를 나누었습니다. 그 교제 기간 동안 신앙적인 깊은 대화를 나누었고, 서로의 성품이 서로에게 발전이 되는지의 여부도 확인할 수 있었습니다. 이 기간 동안 우리는 서로를 배려하는 우정어린 마음, 친구처럼 잘 통하는 느낌, 상대방과 일치를 이루고 싶은 뜨거운 감정의 단계를 차곡차곡 밟아나갔습니다. 하나님께선 제가 그토록 기도하던 '하나님 제일주의'의 신앙을 지닌 사람을 결혼 적령기에 만나 서로 친구처럼, 연인처럼 친밀하고 뜨겁게 사랑하도록 인도하셨습니다.

우리가 이렇게 서로에 대한 확신을 빨리 가질 수 있었던 것은 오랜 기도와 함께, 그동안 이성과의 만남을 지속적으로 가지면서 나와 가장 잘 맞는 배우자가 어떤 사람인지에 대한 그림을 보다 구체적으로 그려왔기 때문입니다.

청년의 시기에 많은 이성 친구를 사귀시기 바랍니다. 그 만남들 속에서 서로의 성품과 신앙이 아름답게 조화를 이룰 수 있는 상대를 찾으시기 바랍니다. 첫눈에 반했다 하더라도 서로간의 깊은 확신이 특별하게 확인되지 않는다면, 우정의 단계부터 차곡차곡 밟아 가시기 바랍니다.

I love you 단계라면

친구라는 집단 속에서 한 남자나 한 여자가 좋아지기 시작하면 상대방이 무리 속에 섞여 있어도 유독 눈에 들어옵니다. 처음엔 그저 우정의 단계에서 자연스럽게 데이트가 진행되었을 뿐인데 그 속에서 서로의 마음을 확인하면 이때부터는 의도적으로 데이트를 진행시키게 되고, 서로의 마음은 급속도로 가까워집니다. 어떻게 해서든 둘만의 시간을 따로 마련하고자 애를 씁니다. 누가 뭐라 한 것도 아닌데 이때부터는 스스로 결심을 굳힙니다.

'이 남자 말고 다른 남자는 쳐다보지도 않는다.'

이렇게 마음이 진행되고 나면 상대방에 대한 객관적인 태도를 견지하기 어렵습니다. "눈에 뭐가 끼었다"는 표현이 맞을 정도로 상대방의 허물과 단점이 문제로 보이지 않습니다. 서로에 대한 '사랑'이란 강렬한 감정이 가슴속에 충만하게 자리 잡으므로 다른 사람이 끼어들 틈이 없습니다. 그래서 이 단계로 진입하기 전에 우정의 단계를 거치는 것이 더욱 필요합니다.

청년들 중에는 이 단계로 진입하면 믿음생활을 소홀히 하기도 합니다. 하나님께 예배드리는 것보다 둘만의 데이트를 즐기는 것이 훨씬 좋기 때문에 본격적인 데이트를 하면서는 신앙생활과도 멀어지는 경향이 있습니다. 그러나 이것이 둘의 사랑전선에 문제를 알리는 신호탄임을 잊지 말아야 합니다. 둘의 사랑이 하나님 앞에 더욱 가까이 나아가는 계기가 되어야 하는데, 오히려 하나님과 더 멀어진다면 그 둘의 교제를 바라보는 하나님과 사람들의 마음이 얼마나 아프겠습니까? 이 단계로 접어들면 더 이상 둘만의 시간을 갖지 않아도 됩니다. 이미 마음은 가까워질 만큼 가까워졌으므로 무리 속에서 만남을 갖는 지혜가 필요합니다. 함께 예배드림으로 성령 안에서 누리는 자유를 나누고, 함께 예배드림으로 하나님께 더욱 가까이 다가서는 기쁨을 누리는 것도 이 시기에 누릴 수 있는 특권입니다. 하나님과 나와 사랑하는 저 사람이 성령의 띠로 하나가 되었다는 그 벅찬 기쁨을 누려볼 수 있어야 합니다. 함께 하나님을 잘 섬길 수 있는지, 서로가 갖는 사랑의 에너지를 하나님과 사람에 대한 섬김의 에너지로 전환시킬 수 있는지 확인할 수 있는 단계입니다.

또한 이 단계는 아직 결혼의 단계로 접어든 게 아니므로 공동체 안에서도 노골적으로 둘의 관계를 과시하기보다는 절제하는 미덕이 필요합니다. 사귀지 않는 것처럼 일부러 거짓말까지 할 필요는 없지만, 사귄다고 소문내고 다닐 필요도 없습니다. 공동체 안에서까지 팔짱을 끼고 다니며 애정을 과시하는 것은 혹여 헤어진 후에 서로 뒷감당하기 어렵도록 문제를 자초하는 것입니다. 또 둘만의 도드라진 애정 행각은 공동체 가족들에게도 좋지 않은 영향을 끼칠 수 있습니다. 데이트라는 것이 본래 매우 매력적이어서 둘의 사귀는 모습을 보면 청년들은 누구나 단둘이 데이트하고 싶은 욕구에 사로잡힙니다. 공동체 안에서 하나님을 섬기고 사랑하고 봉사하려는 열정보다는 데이트를 위한 데이트를 하려는 열정에 사로잡힙니다. '저 형도 저렇게 하는데 나도 하루빨리 애인을 구해 멋지게 데이트나 해야지' 라는 생각을 친구나 후배들에게 심어 줍니다. 마음은 뜨겁지만 담백하게 행동하는 절제의 미덕이야말로 사랑의 단계를 아름다운 결혼의 단계로 이 끕니다.

Love 단계에서 받는 유혹

사랑의 단계에 깊이 들어가면 들어갈수록 육체의 친밀함도 깊어지기 마련입니다. 그래서 교제는 너무 짧아도 안 되지만 너무 길어져도 위험합니다. 육체적인 탐닉의 단계로 깊이 몰입했다가 결혼도 하기 전에 그 마음이 식어 버리는 경우가 많습니다.

"남녀 칠세 지남철"이란 말처럼, 사랑하는 남녀 간에는 결합을 향한 욕구가 가득 차 있습니다. 남자와 여자의 만남은 정말 신비합니다. 전혀 안면도 없이 자랐던 청춘 남녀가 사랑에 빠지기 시작하면 상대방의 모든 것을 갖고 싶고, 모든 것을 체험해 보고 싶은 마음이 듭니다. 그래서 처음엔 손부터 잡습니다. 손만 잡아도 사랑하는 사이에는 전기에 감염된 것과 같은 짜릿한 전류가 흐릅니다. 손을 잡으면 어깨를 껴안습니다. 처음엔 살짝 껴안았는데, 나중에는 점점 그 강도가 진해집니다. 특히나 여자의 앞가슴이 남자의 가슴에 닿는 포옹은 얼마나 자극적인지 모릅니다. 키스를 시도합니다. 뺨이나 입술에 살짝 키스를 하면 그 촉촉한 감촉을 잊을 수 없습니다. 다음번에 만나면 반드시 좀 더 진하게 시도하리라 결심합니다. 그 결심은 곧 실행에 옮겨집니다. 이때 청년들은 얼마나 대단한 실천력을 보여주는지 모릅니다. 한번 마음먹으면 무슨 일이 있어도 실천에 옮기고 맙니다. 그렇게 진한 키스를 체험하고 나면 키스가 주는 짜릿한 쾌감을 잊을 수 없습니다. 특히 혀와 혀를 교환하는 프렌치키스는 서로를 황홀경으로 이끌어 줍니다. 점점 이성은 마비되어 가고 육체적인 쾌감과 욕구만이 서로의 감정을 지배합니다. 이 정도만 되어도 남자는 남자대로, 여자는 여자대로 당분간 상대방의 육체에만 시선이 머뭅니다. 황홀했던 순간을 주야로 묵상하면서 둘만의 데이트 장소를 점점 어두운 장소로 옮겨 갑니다. 진한 키스 후에 곧 애무가 시작됩니다. 처음엔 옷 위로 가볍게 시작한다는 게 곧 상대방의 옷 속을 더듬고, 가슴이나 성기를 만집니다. 여자든 남자든 성욕의 힘은 가히 폭발적입니다. 성욕이 한번 올라오기 시작하면 그 욕구를 절제하기란 너무도 힘이 듭니다. 그래서 그 둘은 오랄섹스(구강섹스)까지 이르고 결국 성관계까지 도달하고 맙니다.

그러나 그 뜨겁던 잠깐 동안의 섹스 후에는 오랜 동안의 허망함과 죄책감이 찾아옵니다. 불안함과 두려움도 찾아듭니다. 여자의 경우에는 더욱 그렇습니다. 육체관계를 가졌다는 이유로 의식적이든 무의식적이든 상대 남자에게 집착하기 시작합니다. 그것은 상대 남자의 마음에 부담을 안겨 주고, 결국 그 관계는 파행에 이릅니다. 다 그런 건 아니지만 남자는 얼마나 이기적인 동물인지 모릅니다. 어린 남자일수록 성관계 후에 찾아오는 이기심은 큽니다.

내가 아는 어떤 청춘남녀는 대학 1학년 때부터 사귀기 시작했는데, 교회 안 지체들이 둘의 교제 사실을 다 알고 있을 정도로 열렬하게 사랑했습니다. 그러다 둘이 여행을 가게 되었고, 그날 밤 성관계까지 가졌습니다. 문제는 그때부터였습니다. 급작스레 갖게 된 성관계에 대한 죄책감과 부담감으로 남자가 슬슬 여자를 피했습니다. 급기야 둘은 헤어졌는데, 둘 다 죄책감과 수치심에 시달리며 내게 상담을 요청한 적이 있었습니다.

결국 남자는 하나님 앞에 회개하고 돌이킴으로 죄책감과 수치심에서 벗어났지만, 불행하게도 여자는 죄책감과 수치심을 이겨 내지 못해 교회를 떠나고 말았습니다. 남자에 대한 원망과 자신에 대한 자책을 이겨 내지 못했던 것입니다.

그리스도인들은 이런 관계의 교제에 접어들면 심한 죄책감에 사로잡힙니다. 하나님께서 금하시는 데에는 이유가 있기 마련인데, 엄격하게 금하신 혼전의 성관계를 가짐으로써 하나님의 낯을 피하려 합니다. 쾌락의 유혹을 이기지 못해 영원하신 하나님과의 관계까지 파괴하는 것입니다. 따라서 그리스도인들은 사랑의 단계에서 받는 유혹을 반드시 이겨내야 합니다. 애초에 육체적 관계를 갖지 말아야 하고, 이미 성관계를 가졌다면 지금부터라도 그 관계를 끊고 회개함으로써 순결한 하나님의 백성으로 살아가야 합니다.

어린아이는 바닷가에 어린아이들끼리 가서는 절대로 안 됩니다. 첨벙첨벙 바다 속으로 들어가다가는 마침내 깊은 물에 빠져 허우적댈 수 있습니다. 결혼하지 않은 커플들은 아직 성의 영역에 들어가지 않는 것이 자신과 상대방을 지키는 유일한 길임을 알아야 합니다. 성이란 바다에 뛰어들어 몸을 적셔 보고 싶지만, 한번 몸을 적시면 또 다시 적시고 싶은 게 바로 그 바다라는 사실을 알아야 합니다. 지금은 그저 그 바다를 바라보며 감상하는 기쁨만 즐기시기를 바랍니다. 둘이 함께 그 바다

너머로 지는 저녁 노을을 바라보고, 함께 수영하게 될 날을 위해 수영복도 고르면서 말입니다.

데이트를 맘껏 즐기는 비결

1. 마음은 열고, 스킨십은 닫고

그렇다면 어떻게 해야 사랑의 단계를 건강하고 아름답게 밟아갈 수 있을까요? 무엇보다 절제와 오픈을 효과적으로 유지해야 합니다. 절제에 대한 부분은 앞부분에서 다뤘으므로 생략하고, 오픈에 대한 부분만 언급하겠습니다.

데이트할 때 우리는 두 가지 면에서 열려 있어야 합니다.

첫째는 믿을 수 있는 영적 지도자에게 자신들의 관계를 솔직하게 알리고 지도를 받을 필요가 있습니다. 지나친 애정행각으로 자신들의 관계를 공동체에 알리는 커플들은 많지만, 먼저 영적 지도자에게 찾아가 지도를 받고 교제를 시작하는 커플은 없는 것 같습니다. 사랑의 단계는 본인들이 밟아가는 것이지만 그 단계를 먼저 밟아간 이들의 지도를 받는다면 좋은 만남을 갖는 데 도움을 받을 수 있습니다. 내가 아는 한 부부는 이렇게 교제를 시작했는데, 그때 찾아 뵌 목사님께서 다음처럼 말씀하셨다고 합니다.

"이 교제가 결혼을 전제로 한 것이지만, 결혼이 필수는 아니라는 사실을 잊지 마세요."

지금은 둘이 좋아서 사귀는 것이지만, 언제든 헤어질 수 있는 사이임을 명심하고 교제를 하라는 뜻이었습니다. 헤어질 가능성이 있기 때문에 서로 조심해 줘야 하고, 혹 서로 헤어지더라도 그것 때문에 "사네, 죽네"하는 단계까지 가지 않도록 지혜롭게 교제를 하라는 말씀이었습니다.

나는 그 말씀을 전해 듣고 참 현명한 조언이었다고 생각했습니다. 교회 내 청년담당 사역자나 존경하는 장로님 부부, 가깝게는 부모님께 데이트 사실을 알리고 지도를 받는다면 교제를 더욱 성숙하게 이끄는 데 반드시 도움이 될 것입니다.

이처럼, 영적 지도자에게 자신들의 데이트를 오픈해서 알려야 함과 동시에 청년들은 데이트하는 상대방과도 오픈 토크를 할 수 있어야 합니다. 특히 성에 대해서는 오픈 토크를 함으로써 분명한 선을 긋는 게 필요합니다. 어느 선 이상은 절대로 육체적 접촉을 하지 않는다는 일종의 가이드라인을 미리 정하는 것입니다. 나도 청년 시절에 그런 라인을 정해 놓았기 때문에 여러 자매들과 데이트를 하면서 좋은 만남을 가졌지만, 절대로 육체적인 접촉은 하지 않았습니다. 무엇보다 결혼 후에 내 자녀들에게 이 사실을 놓고 부끄럼 없이 가르치고 싶었습니다.

그렇다면 어느 선까지가 결혼 전 적정한 육체관계일까? 사람마다 차이는 있겠지만 나는 일단 '상대방에게 성욕을 일으키는 선'까지 가는 것은 위험하다고 생각합니다. 일반적으로는 서로 성욕을 일으키지 않는다면 '가벼운 키스' 정도는 괜찮다고 보지만, 경우에 따라서는 그 정도로도 심각한 성욕을 일으키기 때문에 서로 마음을 터놓고 대화를 나눈 뒤 결정하는 게 가장 현명합니다. 우리는 모든 일에서 하나님의 은혜를 구해야 합니다. 내가 결혼 전에 순결을 지키겠다고 아무리 결심을 굳혔어도 인간의 의지는 바람 앞에 등불처럼 약하기 그지없습니다. 따라서 교제하는 두 사람은 성에 대해 오픈 토크를 한 후, 절제할 수 없는 수준의 접촉을 서로 피하며 기도함으로 하나님께 나가야 합니다.

"하나님, 우리의 만남이 하나님께 기쁨이 되게 하소서. 서로를 사랑하기 때문에 함께하고 싶고, 서로를 만져 보고 싶은 마음이 자꾸만 듭니다. 그러나 우리가 서로를 지켜 주며 그 관계를 아름답게 이끌 수 있도록 도와주소서. 우리 둘 다 서로를 배려하는 마음으로 이 부분을 조심할 수 있도록 인도하소서."

합의된 내용을 갖고 함께 짧은(반드시) 기도의 시간을 갖도록 하십시오. 사람의 의지란 얼마나 약한 것인지 혼전 순결을 그렇게도 자신했던 형제가 혼전 순결을 잃어 평생 괴로워하는 경우도 많습니다. 그렇게 큰소리를 쳤기 때문에 결혼 후에도 그에 대한 죄책감에서 벗어나지 못합니다. 심지어 성에 대해 오픈 토크를 하며 순결을 지키겠노라고 맹세했던 어떤 형제와 자매는 이 문제를 아뢰며 하나님 앞에 부둥켜안고 오랫동안 기도하다가 그 스킨십이 주는 유혹을 이기지 못해 성관계까지 가버리기도 했습니다. 하나님의 인도하심을 구하되 자기 자신을 너무 믿지 마시기 바랍니다. 스킨십이 있으면 불 같은 성욕이, 다스릴 수 없는 성욕이 일어날 수밖에 없고, 그 불 같은 성욕 앞에서는 스스로도 어쩌지 못하는 것이 우리의 모습입니다.

따라서 오픈 토크 후에는 합의된 내용으로 짧게 기도한 뒤, 서로 유혹이 되는 스킨십에 대해 분명히 경계하고 그 경계 근처엔 가지 않는 게 가장 지혜로운 방법입니다. 그렇게 절제하고 아꼈던 성이라는 선물의 포장지를 결혼 첫날밤에 뜯어볼 때의 기쁨을 놓치지 마시기 바랍니다. 「Yes 데이팅」(두란노)이란 책에서 본 표현이 생각납니다. 우리는 매일 매일이 크리스마스이기를 바라지만, 그것이 아름답고 설렌 것은 1년 동안의 기다림 끝에 찾아오는 날이기 때문이라고…. 우리 모두 미리 크리스마스 선물을 뜯어보려고 하지 맙시다. 결혼 첫날밤에 상대방에게 줄 멋진 선물을 위해 서로 기다리는 지혜가 필요합니다.

2. 꼭 계획을 세워서

데이트하는 커플들을 보면 어떤 커플은 참 멋있고 재미있게 데이트를 하는데, 어떤 커플은 제가 봐도 재미없고 답답합니다. 일생에 몇 번 안 되는 황금 같은 데이트를 왜 그렇게 재미없게 보내는지 언뜻 이해가 가지 않습니다.

"그냥 만나는 거죠, 뭐. 멋진 데이트가 따로 있나요?"

데이트의 흐름이 이렇게 되면 그 데이트는 재미없게 흘러갈 뿐만 아니라 인격적인 관계보다는 동물적인 관계로 변해 갈 가능성이 높습니다. 매번 아무 계획 없이 만난다고 생각해 보십시오.

"오늘은 뭐 할까? 그냥 걸을까?"

그렇게 걸으면서 뭐하겠습니까? 특별하게 대화가 잘 통하는 상대가 아닌 이상, 아니 대화가 통한다 하더라도 걷다 보면 다리가 아프고, 쉴 곳을 찾습니다.

"다리 아픈데 영화나 볼까?"

결국 모든 데이트 코스의 종착역은 극장인 경우가 많습니다. 극장은 남자들이 참 좋아하는 데이트 장소입니다. 캄캄하지, 음침하지, 거기다 영화를 통해 시각적인 자극을 더해 주지, 그야말로 힘 안 들이고 서로의 육체를 가깝게 만들기 좋은 장소입니다. 영화의 내용도 섹스 아니면 폭력인 경우가 많은데, 액션 영화에서조차 베드신은 한두 번 등장합니다. 안 그래도 어루만지고 싶은 여자가 옆에 앉아 있는데, 그런 장면이 눈앞에 펼쳐진다고 생각해 보십시오. 남자들은 대부분 눈에서 불이 납니다. 몸에선 성욕이 올라옵니다. 옆에 앉아 있는 여자에게 성적 욕구를 분출하고 싶다는 마음이 강렬하게 솟구칩니다. 치밀하게 머리를 굴리면서 어떻게 여자를 만져야 하는지 계획을 세웁니다. 하품을 하는 척 하면서 한 손을 여자의 어깨 위에 걸칩니다. 이때 여자는 별로 경계하지 않습니다. 남자 손이 올라오는데 "사탄아 물러가라" 할 수도 없고, 자신이 사랑하는 사람이기 때문에 어깨를 만져 주는 남자의 손이 싫지만은 않습니다. 그런데 남자의 손은 거기에서 머물지 않습니다. 이곳저곳을 옮겨 다니며 여자의 몸을 만지기 시작합니다. 사람이 많은 곳이지만 어두운 곳이기 때문에 그 둘은 순식간에 진한 스킨십의 단계까지도 갈 수 있습니다.

대부분의 데이트는 이런 단계를 밟습니다. 한 번 이렇게 진행된 데이트는 다음 번에도 비슷하게 진행됩니다. 아니, 더욱 깊어져 버립니다. 그래서 나는 데이트를 할 때 꼭 계획을 세우라고 권합니다. 진짜 멋있는 남자는 자신의 무절제한 성품을 알고 그것을 조절하기 위해서라도 데이트에 대한 계획을 세웁니다. 진짜 현숙한 자매는 남자를 아예 모르는 자매가 아니라 남자의 동물적인 본능을 알고 서로를 위해 멋진 추억을 만들 수 있는 데이트를 계획할 줄 아는 자매입니다.

나는 감사하게도 아내와 데이트하던 시절에 아름다운 추억을 많이 만들 수 있었습니다. 결혼 전에는 절대로 육체관계를 갖지 않기로 하나님 앞에 서약했기 때문에 데이트의 흐름을 늘 조절했습니다. 그것이 지금 생각하면 얼마나 감사한지 모릅니다.

우리 둘은 데이트 시절에나 지금이나 검소하게 생활하는 걸 좋아하기 때문에 그때에도 돈 들이지 않고 멋진 추억을 만들곤 했습니다. 주로 점심을 싸들고 교외로 나갔다 돌아오는 코스를 많이 선택했습니다. 그 중 송추에 갔던 일은 지금도 기억에 선명하게 남습니다. 송추에서 내려 산 중턱쯤 올랐을 때였습니다. 주변 경관이 어찌나 아름다운지 큰 바위며 나무 그늘, 졸졸졸 흐르는 계곡물…. 우리는 경관을 감상하다가 가지고 온 음식을 나눠 먹고, 찬양책을 펴서 서로 찬양도 가르쳐 주며 즐거운 시간을 보냈습니다. 얕은 계곡물에 발을 담근 채 물장난도 쳤습니다. 아, 그럴 때 마음속에 잔물결처럼 퍼지는 맑고 밝은 사랑의 느낌을 여러분은 아십니까? 마음속에 아로새겨지는 둘만의 따뜻한 시간!

그렇게 재미있는 시간을 보내다가 저녁이 되어 집으로 돌아오면서 우리는 우리가 앉았던 바위의 이름을 지었습니다. '예수 바위!' 예수님께서 우리 사랑의 반석이 되어 주셨기 때문에 그런 의미도 있지만, '예자'라는 아내 이름의 '예'와 '수웅'이라는 내 이름의 '수'를 합해 '예수 바위'라 명명했던 것입니다. 결혼하여 미국에 건너온 후에도 우리는 가끔 그 '예수 바위’의 추억을 떠올립니다.

“여보, 그 예수 바위 어떻게 되었을까?”

둘이 부부싸움을 하여 관계가 서먹했다가도 ‘예수 바위’ 얘기가 나오면 갑자기 아내가 사랑스럽게 느껴집니다. 데이트 시절의 추억에 대한 이야기가 꽃피면서 둘 사이엔 한없이 대화가 진행됩니다.

둘만의 데이트를 이렇게 진행시켜 보십시오. 지도를 펼쳐 놓고 가까운 교외로 나갔다 돌아오든가(반드시 당일치기여야 합니다), 가까운 선배의 집, 영적 멘토의 집을 찾아가는 데이트를 계획해 보는 것도 좋습니다. 방학이나 휴가 때에는 함께 봉사활동이나 선교활동을 계획하는 것도 좋습니다. 돈 안 들이고도 멋진 데이트가 없는지 함께 상의하여 데이트를 계획하는 것도 괜찮겠지요? 돈 있을 땐 만나고 돈 없을 땐 못 만나는 그런 사이라면 먼저 그 교제가 바람직하게 흘러가는지부터 점검해 보시기 바랍니다.

3. 믿는 사람과, 믿음 안에서

마지막으로 말씀드리는 “믿음 안에서의 교제”에는 두 가지 의미가 있습니다.

첫째는 데이트 상대를 고를 때 반드시 믿음을 가진 그리스도인이어야 함을 뜻하는 것이고, 두 번째는 그리스도인끼리 데이트할 때도 서로 믿음을 격려하는 교제를 해야 한다는 뜻입니다. 이런 교제는 사랑의 단계를 더욱 성숙하고 아름답게 이끌어 줍니다.

결혼은 그 자체가 하나의 축복입니다. 지상에서 일어나는 일 중에서 예수님과의 만남을 제외한 가장 중요한 만남이 무엇이겠습니까? 바로 배우자와의 만남입니다. 예수님을 만나는 것은 우리가 영생을 어디에서 보낼 것인지를 결정합니다. 그리고 배우자를 만나는 것은 지상에서의 내 일생을 누구와 함께 살 것인지를 결정합니다. 평생을 원수와 함께 사는 사람이 있는가 하면 평생을 사랑하는 애인과 사는 사람도 있습니다. 마찬가지로 평생 싸우며 사는 사람, 평생 사랑하며 사는 사람이 있습니다. 어려운 일이나 궂은 일이 있어도 한 하나님을 섬기는 배우자는 함께 무릎을 꿇고 하나님께 나아감으로 고난을 이겨 냅니다. "여보, 우리에겐 하나님이 계시잖아"라며 격려할 줄 압니다. 어느 한쪽이 지쳐 쓰러져 있을 때도 "내가 당신을 위해 기도하고 있어"라며 힘을 불어넣어 줍니다. 그것이 축복입니다.

반면 불신자와의 결혼은 그 자체가 얼마나 피곤한지 모릅니다. 우선 주일성수의 문제부터 걸리고, 헌금 문제, 기도 문제, 고난을 바라보는 시각의 문제, 자녀 양육의 문제까지 매사에서 부딪힙니다. 처음엔 '사랑' 이라는 감정이 서로를 지배하기 때문에 신앙의 문제도 잘 맞춰갈 수 있으리라 착각하지만 믿음의 문제는 영적인 문제입니다. '내가 같이 살면서 저 사람을 전도하겠다' 는 마음으로 결혼까지 하지만 실상 불신 배우자와의 영적 싸움에서 그 영혼이 피폐해진 사람들이 우리 주변엔 얼마나 많은지 모릅니다.

상대방을 전도하기는커녕, 결별의 아픔을 겪거나 아예 교회를 떠나는 사람도 있습니다. 그리스도인끼리의 결합은 폭발적인 힘을 발산해 많은 이웃들을 전도할 수 있지만, 비그리스도인과의 결합은 그 자체가 힘겨운 전투 현장이라는 사실을 알아야 합니다. 그래서 성경에서는 다음처럼 말씀합니다.

"너희는 믿지 않는 자와 멍에를 같이하지 말라 의와 불법이 어찌 함께하며 빛과 어두움이 어찌 사귀며 그리스도와 벨리알이 어찌 조화되며 믿는 자와 믿지 않는 자가 어찌 상관하며 하나님의 성전과 우상이 어찌 일치가 되리요 우리는 살아 계신 하나님의 성전이라 이와 같이 하나님께서 가라사대 내가 저희 가운데 거하며 두루 행하여 나는 저희 하나님이 되고 저희는 나의 백성이 되리라 하셨느니라"(고후 6:14-16).

하나님의 뜻이 분명히 성경에 기록되어 있는데도 형제자매들은 이 말씀을 무시한 채 데이트를 합니다.

"누가 결혼할 거라 했나요? 일단 사귀면서 적당히 지내다가 아니면 헤어지면 되지요."

이렇게 말하면서도 사실은 데이트를 통해 깊이 사랑에 빠져 버리고, 십중 팔구는 헤어지지 못해 결혼까지 이릅니다. 그리고 후회합니다. 자기 자신의 감정을 조절할 수 있다고 믿는 것도 교만이라는 사실을 잊지 마십시오. 처음부터 '결혼을 전제로 한 데이트 상대로 비그리스도인은 절대 불가', '데이트는 결혼을 전제로!', '데이트에서 육체관계는 금물!' 등의 원칙을 정해 놓고 시작하는 것이 좋습니다.

만약 어떤 불신 남자가 데이트 신청을 한다면 처음부터 단호하게 이런 자신의 입장을 밝히는 게 좋습니다. 남자가 최소 6개월 내지 1년 정도 교회 생활을 하면 첫 데이트를 고려해 보겠다는 약속을 하고, 남자의 변화된 모습을 공동체 안에서 확인한 후에 데이트를 시작하는 것도 좋은 방법입니다. 그러나 "결혼만 하면 그때부터 교회에 다닐게"라는 약속은 믿지 마시기 바랍니다. 얼마나 많은 자매들이 이 약속에 속아 결혼하고 후회하는지 아십니까?

하나님께서 나를 위해 최고의 배우자를 예비해 놓으셨다면, 믿음의 배우자를 만날 때까지 기다리지 못할 이유가 없습니다. 그만큼 배우자와의 만남은 우리에게 큰 축복이며 중요한 일입니다. 혹 지금 만나는 상대가 불신자라면 지금이라도 교회에 다닐 것을 적극 권하십시오. 만약 그것이 어렵다면 결혼까지 가는 것은 신중한 고려를 해야 합니다. 결혼 후에 믿음의 문제로 파행을 맞으면 그것만큼 큰 아픔이 없다는 사실을 직시하고 주 안에서 현명한 선택을 하시기 바랍니다.

사랑방 통신

1. 남자가 여자를, 여자가 남자를 좋아하는 것이야말로 하나님의 은혜입니다. 생각해 보세요. 반대로 되면 어떻게 될지….

2. 내면의 상처를 치유해야 자기만의 고유한 매력을 발산할 수 있습니다.

3. 남자와 여자는 제작 원리가 다르다는 사실을 기억해야 사랑이 쉽습니다.

4. 움직여야 얻습니다. 하나님이 세상을 움직이는 원리를 무시하지 마세요.

5. 내 짝이 잘 준비되도록 기도하세요.

6. 데이트 시 기억하세요! 마음은 열고, 스킨십은 닫고….

성···열정적 사랑의 열기

>>> 2부

Sex

아아, 아름다운 성

　　　　　　　　　　　　　원하는 배우자 상대를 적정한 때에 잘 만나 데이트를 아름답게 이끌고 마침내 결혼생활까지 잘할 수 있다면 그보다 행복한 일은 없을 것입니다. 그런데 이러한 만남의 코스에서 가장 중요한 문제가 있습니다. 바로 성(sex)의 문제입니다. 이 문제를 어떻게 풀어 가느냐의 문제는 결혼 전과 후, 모두 중요합니다. 그래서 2부에서는 성에 대한 기본적인 지식과 성을 어떻게 바라 봐야 하는지, 성적 아름다움이 무엇인지, 그것을 어떻게 사용해야 하는지, 왜 우리가 첫날밤을 기다려야 하는지에 대해 말씀드리려 합니다. 이 성 문제는 모든 데이트 코스에서 누구든 밟아 가게 되어 있습니다. 사랑의 감정이 깊어지면 깊어질수록 성의 문제도 가깝게 다가오는 까닭에 성에 대해 제대로 알고 제대로 무장해야 합니다. 열정적으로 사랑하면서도 성적 순결을 지킬 수 있는 방법이 있는지, 그렇다면 어떻게 절제할 수 있는지를 지금부터 살펴보겠습니다.

거룩에 대한 오해

먼저 한 가지 질문하겠습니다.

"섹스가 죄입니까?"

21세기에 이런 질문을 던지는 것 자체가 진부하다고 생각하겠지만, 아직도 많은 사람들은 섹스를 죄악시하며 살아갑니다. 특히나 교회 안에서는 섹스 자체를 죄로 여기는 경향이 짙습니다. 섹스는 결코 더러운 것, 수치스러운 것이 아닌데도 말입니다.

분명히 말하지만 하나님이 창조하신 성, 부부간의 섹스는 아름답고 성스런 것입니다. 그런데 왜 교회 안에서는 섹스를 죄악시합니까? 잘못 사용하는 사람들에 대한 경계를 강조하다 보니, 섹스 자체가 나쁜 것으로 되어버린 것입니다. 그래서 교회 안에서는 성에 대해 가르치지 않습니다.

"여러분, 지난밤에 즐거우셨습니까?"

혹 이런 질문을 던지는 목사님을 보신 적 있습니까? 만약 그랬다가는 난리가 날 겁니다. 목사님 입에서 그런 얘기가 나왔다는 것 자체가 큰 문젯거리가 될 겁니다. 교회는 복음을 가르치는 곳이고, 하나님께 예배드리는 곳이기에 예배 시간에 성을 가르친다는 것은 있을 수 없는 일입니다. 실제로 목사님 중에 아가서를 본문으로 설교하시는 분은 거의 없습니다. 성에 대해 구체적이고 자세한 접근을 하실 수 있는 목사님도 드뭅니다.

그러나 교회는 예배 공동체이자 한 발 더 나아가 성도의 복음적이고 아름다운 삶을 가르치는 곳이라는 점에서 소그룹을 통해 성에 대한 성경적

이해를 도울 필요가 있습니다. 특히 그리스도인 청년들을 위해 교회는 성에 대한 복음적인 접근이 필요합니다. 결혼예비학교나 성상담 등의 사역이 교회 안에서 활발하게 일어나야 합니다.

오늘날 젊은이들을 보십시오. 세상 성문화에 잘못 오염되고 노출되어 얼마나 괴로움을 당하는지 모릅니다. 청년사역이 비교적 활발히 진행되는 교회 안에서조차 청년들의 성 상담을 해결하지 못하고 있는 실정입니다. 반면, 구세대는 성에 대한 이해가 너무 없는 나머지 성 자체를 죄악시합니다. 심지어 결혼한 부부조차 부부의 성생활에 대한 이해가 부족할 정도입니다.

본래 성을 죄악시하는 풍조는 가톨릭에서 유래되었습니다. 성범죄를 저지르는 등 죄악 가운데 살았던 어거스틴의 회심 이후, 그는 이원론적인 주장을 펼쳤습니다. 즉 "영은 하나님의 형상을 지닌 본질적인 것으로 그 자체가 선하지만, 육체는 욕망과 성욕을 지닌 것으로 그 자체가 악하다"고 했다. 그 이후 가톨릭에선 성을 죄악시하는 금욕주의가 팽배했고, 신부와 수녀 등의 수도자들은 성관계를 하지 않는 사람으로서, 성관계를 갖는 세속의 사람들과 구별되었습니다. 가톨릭의 그 전통은 기독교에도 전승되어 교회 안에서 성을 가르치는 것을 신성모독죄로 취급하는 경향이 생겼습니다.

게다가 한국의 유교적인 관념들은 이런 사상에 기름을 끼얹는 격이었습니다. 우리나라에서는 이미 '남녀 칠세 부동석'이라고 하여 남자와 여자가 어려서부터 가까이 지낼 수 없었으니까요. 오죽했으면 한국교회의 초대교회 시절, 교회 안에 커텐을 쳐놓고 남자 성도 자리와 여자 성도 자리를 구분했겠습니까?

이러한 통념 속에 살아왔던 구세대들은 성에 대한 잘못된 개념들을 바꾸기가 쉽지 않습니다. 그렇다 보니 예수 믿는 사람들조차도 성이라는 하나님의 선물을 사탄에게 내맡긴 채 가정파탄의 결과를 자초하고 있습니다.

언젠가 모 교회에서 부부 세미나를 열 때였습니다. 나는 그곳에서도 성은 부부 사이에 허락하신 하나님의 축복이라는 점을 열변을 토하며 전했습니다. 성은 우리에게 주신 하나님의 선물인데 우리 그리스도인들이 그 선물을 더럽다고 내다버렸다는 사실과, 그것은 곧 하나님 아버지의 마음을 모독하는 행위임을 역설했습니다. 성에 대한 기본적인 지식에서부터 부부 침실의 아름다움을 위한 구체적인 방법까지를 나누는 동안 많은 부부의 얼굴이 햇빛처럼 환해졌습니다. 그런데 유독 한 쌍의 40대 부부가 엉엉 울고 있는 것이었습니다. 다른 커플들은 성 세미나를 경청한 사람들답게 서로 끌어안은 채 웃고 있는데, 이들 부부는 서로 끌어안은 채 엉엉 울고 있었습니다. 이들은 30대 중반 무렵, 하나님 앞에 그들의 삶을 온전히 드리기로 서원한 부부였습니다. 뜨겁게 신앙고백을 하며 하나님을 잘 믿겠다고 서원한 것까지는 좋았는데, 이들 부부의 뜨거운 믿음은 엉뚱하게도 둘 사이를 갈라놓는 쪽으로 흐르고 말았습니다. 이 둘은 거룩하신 하나님 앞에 자신들의 삶을 거룩하게 드리기로 서약하면서 합의를 했다고 합니다.

"이제 우리들도 그 더러운 짓은 그만두고 거룩하게 삽시다."

부부 사이의 아름다운 성관계를 더러운 짓이라고 생각했던 이 부부는 그 후 10년 동안 한 번도 잠자리를 해 본 적이 없었다고 합니다. 이번 세미나에 참석하고 나서야 비로소 자신들의 선택이 얼마나 무지몽매했던가를 깨달았습니다.

"여보, 그동안 어떻게 살았어?

아내의 물음에 남편이 답합니다.

"말도 마. 말도 마. 나는 완전히 지옥생활이었어."

"여보 미안해."

"나도 당신에게 미안해."

이런 고백을 나누는 그들의 모습을 보고서야 나도 환하게 웃을 수 있었습니다.

이처럼 섹스 그 자체를 죄악시하는 사람들이 아직도 많다는 사실은 더 이상 놀랄 일이 아닙니다. 이런 부류의 사람들은 거룩에 대한 오해, 성에 대한 무지 때문에 부부 사이에 허락하신 하나님의 놀라운 축복을 놓친 채 살아갑니다.

또 한 번은 성 세미나가 끝나고 어떤 부인이 상담을 요청한 적이 있었습니다. 30대 중반의 그 부인은 두 아이의 엄마였고 결혼한 지 한참 됐음에도 불구하고 그동안 남편과의 성관계에서 무척이나 갈등이 심했다고 털어놓았습니다. 불륜이나 간음을 엄중히 문책하는 성경 구절들을 보면서 이 부인은 섹스 자체를 죄스러운 것, 더러운 것이라고 판단했었나 봅니다. 점점 남편과의 성관계를 죄악시하며 밤만 되면 남편을 피해 다녔다고 합니다. 한번 그 광경을 상상해 보십시오. 아내는 남편의 시선을 피해 집안 어디엔가 숨어 버리고, 견디다 못한 남편은 아내를 찾아 이 방 저 방을 다닙니다. 이게 정상적인 부부 사이에 있을 수 있는 일일까요? 어떤 때는 발버둥치는 아내를 침실로 끌고 와선 강제로 부부관계를 가졌다고 합니다. 그러면 이 부인은 두어 시간 동안 대성통곡을 합니다. 더러운 짓을 저질러서 어떻게 하냐고, 죄를 자꾸 지어서 어떻게 하냐는 것입니다.

그래서 내가 심하게 질책을 했습니다.

"성은 부부가 나누는 친밀함의 표현입니다. 이를 위해 하나님께서 성을 창조하셨는데 어떻게 그렇게 받아들일 수 있습니까? 그간 남편이 받은 고통이 얼마나 컸을지 상상이나 해 보셨습니까?"

그러자 그 부인은 이렇게 말합니다.

"그래도 싫은 걸 어떡해요? 너무 아픈 걸 어떡해요?"

"억지로 하니까 아프지요. 그걸 죄라고 생각하면서 관계를 가지니까 당연히 아프지요. 그건 원래 안 아프게 되어 있어요. 아기도 나오는 곳인데 그렇게 조그만 게 들어가는데 뭐가 아프다고 그래요? 사랑하는 마음으로 즐기면서 관계를 가지면 얼마나 좋은지 아세요?"

나의 원색적인 조언에 부인은 훌쩍거리면서 고민하기 시작합니다. 확실한 대답은 하지 않았지만 성에 대한 자신의 태도가 잘못되었음을 시인하는 눈치였습니다.

그로부터 몇 개월 뒤, 다른 교회에서 똑같은 세미나를 하는데 이 부부가 일부러 나를 찾아왔습니다. 남편은 나를 보자마자 얼마나 반갑게 악수를 하는지, 연신 고맙다는 말을 되풀이했습니다.

"장로님, 그 세미나 갔다 온 뒤로 이 사람이 변했어요. 이제는 밤마다 숨기는커녕 오히려 자기가 나를 기다리고 있어요. 그래서 지금은 제가 얼마나 행복한지 몰라요. 옛날엔 제가 강간범이었는데 이제는 정말 한 여자의 남편인 것 같아요."

위의 두 가지 예화를 읽으며 여러분은 어떤 생각을 하셨습니까? '뭐, 저런 사람들이 다 있어?' 라고 생각했습니까? 그러나 우리 중에는 극단적인 폐쇄주의에 흐르지 않았을 뿐 성에 대해 진실하게 열려 있는 사람이 극히 드뭅니다. 성을 자꾸만 음성화시키려 합니다. 교회 안에서 성에 대한 이야기를 개방적으로 하면 '저질이다. 이상한 사람이다' 라는 시선으로 쳐다봅니다. 음담패설이 아닌, 마땅히 다룰 수 있는 주제의 이야기를 건전하게 나누고 있는 현장에서도 이상한 시선을 피할 수 없습니다.

이것은 모두 성에 대한 편견 때문에 일어나는 일들입니다. 성은 절제할 줄 알아야 하되, 음성적인 교육이나 태도로 접근해선 안 된다는 사실을 모르기 때문입니다. 오히려 교회 안에서 성을 성경적으로 배워야 하는데, 텔레비전이나 인터넷, 잡지 같은 데서 잘못 배우기 때문에 성이 더럽고 추잡하게 느껴지는 것입니다. 자극적인 성, 음란한 성, 음성적인 성을 먼저 접했기 때문에 성을 잘못 이해하고 결국엔 잘못된 방향으로 흐르는 것입니다.

특히나 청년 세대는 이런 세속 성문화의 흐름에 심각하게 노출되어 있습니다. 그들은 성을 죄악시하는 구세대의 풍토를 밟아가면서도 다른 한편으로는 성을 무분별하게 즐기고 사용하는 세속의 흐름을 좇아갑니다. 양극단을 오가며 성문화를 접한 청년들은 심한 죄책감에 교회를 떠나 버리거

나, '사랑'이라는 이름으로 무분별하게 성관계를 가짐으로써 심각한 후유증에 시달립니다. 성 그 자체는 죄스러운 것도 아니고, 찬사 받을 만한 것도 아닙니다. 다만 제대로 사용했을 때 매우 아름답고 좋은 것이 될 수 있다는 점은 분명합니다. 이 땅의 젊은이들이 성에 대한 바른 접근을 통해 데이트와 결혼생활을 아름답고 행복하게 이끌 수 있기를 바랍니다.

성 충만한(?) 세상

구세대가 성을 지나치게 폐쇄적으로 사용했다면, 신세대는 성을 너무나 마음껏 사용하고 있다고 해도 과언이 아닙니다. 요즘 세상은 '성 충만한 세상'이라 표현해도 과언이 아닐 정도로 성은 매우 문란하게 우리 생활에 들어와 있습니다. 이것은 성 자체가 문란해서가 아닙니다. 성을 잘못 사용하고 유포하는 사람들 때문에 빚어진 결과입니다. 따라서 우리 그리스도인들은 성에 대한 바른 이해와 접근이 필요합니다. 남자가 여자를 알고 여자가 남자를 알려면 성에 대한 정확한 이해가 있어야 합니다. 앞에서 말씀드린 대로 '현숙한 여인'은 남자에 대한 이해가 있어서 남자와의 데이트를 지혜롭게 이끌 줄 아는 자매입니다. 남자 역시 여자에 대한 전반적인 학습과 이해를 통해 자신과 상대방을 관리할 줄 아는 지혜가 필요합니다. '지피지기면 백전백승'이란 말은 성에 관해서도 적용이 됩니다. 성을 알고 나를 알아야 데이트나 결혼생활도 승리로 이끌 수 있지 않겠습니까?

성에 대한 적절한 개방과 절제의 능력은 어려서부터 꾸준히 받아 온 성교육을 통해 이루어집니다. 무조건 숨긴다거나 무조건 열어 버리면 성이 주는 심각한 부작용에 휩쓸릴 수 있습니다. 요즘처럼 인터넷이 생활화된 세대에서는 무분별한 성이 주는 자극으로 청소년들이 정신을 차릴 수 없을 지경입니다. 건강한 성문화에 대한 분별력을 어려서부터 그 나이에 맞게 가르침으로써 이러한 부작용을 막아야 합니다. 많은 성범죄들이 단순한 호기심에서 출발합니다. 성의 아름다움과 심각한 부작용에 대해 무지하다 보니 성 자체를 너무나 탐닉하고, 그러한 탐닉이 범죄를 불러일으키는 것입니다. 사춘기에 접어든 남학생이 호기심에 못 이겨 사촌 여동생을 범하는 경우가 이런 경우입니다. 왜 그것이 부적절한 관계인지, 성적 자극이 찾아올 때 어떻게 절제해야 하는지, 단 한 번의 성적 실수가 얼마나 심각한 결말을 가져오는지 모르기 때문에 범죄는 끊임없이 일어납니다.

게다가 요즘은 주변이 온통 성적 자극거리들로 가득합니다. 내가 자라오는 동안에는 이런 유혹이 거의 없었습니다. 여자들이 옷을 칭칭 동여매고 다녔기 때문에 남자들이 시각적으로 자극 받을 기회가 적었습니다. 전통한복을 보십시오. 치마끈을 어디에다 동여맵니까? 가슴선 위로 동여맵니다. 여자의 젖가슴 선에 대한 감각을 아예 차단시켜 버립니다. 모든 게 가려져 있기 때문에 이성의 성에 대한 눈뜸이 없었습니다. 이런 문화는 성적 유혹거리를 차단시켜 주었다는 점에서는 좋을 수 있지만, 그런 문화 때문에 결혼 후에도 성 자체를 죄악시하는 경향을 심어 주었다는 점에서는 폐단이라 할 수 있습니다.

나는 그런 문화 속에 자란 세대입니다. 그래서 성에 대한 개념 자체가 없었습니다. 중학교 3학년 때, 여고 3학년생과 같은 방에서 하숙을 할 정도로 성에 대해 무지했습니다. 그 누나를 보면서 나하고 다르다는 생각을 한 번도 해본 적이 없을 정도입니다. 언젠가 한번은 어디를 갔다 와 보니 그 누나가 밤새도록 공부하다가 책상에 쓰러져 자고 있었습니다. 자는 모습이 얼마나 가관이던지, 치마가 쓱 올라간 채 삼각팬티가 훤히 보이고 그나마 팬티도 약간 내려와 엉덩이살까지 보였습니다. 그걸 본 내가 무슨 생각을 한 줄 아십니까?

'아이고, 저 누나 감기 걸리면 어쩌려고 저러나. 되게 춥겠다.'

이런 생각으로 이불을 덮어 줬을 뿐, 치마를 들춰 볼 생각조차 못 했습니다. 그 후 고등학교 1학년 때 사춘기가 찾아오고 나서야 여자와 남자가 다르다는 사실을 처음으로 알게 되었고, 대학에 들어가서 처음으로 여자의 육체에 관심을 갖게 되었습니다.

그러나 지금 세대는 어떻습니까? 어려서부터 텔레비전이나 인터넷 등을 통해 왜곡된 성에 대해 일찌감치 눈을 뜹니다. 부모들은 이런 아이들을 향해 못 보도록 다그치거나 아예 방치해 버립니다. 자녀들이 궁금해하는 성을 나이에 맞게 가르쳐 주는 부모들은 극히 드뭅니다.

나는 지금부터 그것을 하고자 합니다.

사춘기의 신비

누구든 사춘기가 되면 자신의 신체적 변화가 당황스럽습니다. 또한 정신적으로 달라지는 자신의 모습에 한 번 더 당황합니다. 여자는 남자를 그리워하고, 남자는 여자를 그리워합니다. 어렸을 때는 남자든 여자든 별 개념 없이 서로 장난치면서 자랐는데, 왜 갑자기 함께 장난치며 자랐던 여자

친구의 벗은 모습이 떠오르고, 코흘리개라고 놀렸던 남자친구의 어깨에 기대고 싶을까요?

한마디로 말하면 그것은 하나님의 설계 때문입니다. 하나님께서 애초에 우리를 그렇게 지으셨기 때문입니다. 사춘기가 되면 남자의 뇌에 있는 뇌하수체에서 호르몬이 발생합니다. 그 호르몬이 활성화되면서 남자의 고환에 작용합니다. 그러면 고환에서는 다시 남성호르몬을 만들고 이 안에서 매일 7천만 개의 정자가 형성됩니다. 이것은 꿩장한 신체적 에너지입니다. 이 에너지는 남자를 남자답게 만들어 줍니다. 여자 같았던 얼굴이 남성다워지고 목소리나 뼈대가 굵어질 뿐 아니라 수염도 나기 시작합니다. 힘이 불끈불끈 솟기 때문에 아무나 보면 팔씨름을 하자고 덤벼듭니다. 이때부터는 남자가 진짜 남성으로 진입하는 시기여서 여자를 보는 눈빛이 달라집니다. 한마디로 이글거리기 시작하는 시기입니다. 특히 자기 마음에 드는 여자를 보면 열병에 들 정도로 깊은 사랑에 빠집니다. 뿐만 아니라 좋아하는 여자를 놓고 여러 상상에 젖습니다. '가슴은 어떻게 생겼을까? 엉덩이는 어떻게 생겼을까?' 여자를 놓고 상상 속에서 몇 번씩 옷을 벗겼다 입혔다를 반복합니다.

그러나 그 자체를 놓고 심각한 죄책감에 빠질 필요는 없습니다. 자신도 모르게 떠오르는 여러 상상은 자연스런 현상입니다. 정상적인 남자라면 다 거치는 과정입니다. 결혼 준비를 할 수 있다는 신호입니다. 문제는 이 상상이 내면에 자리 잡지 않고, 그저 스쳐

가는 수준이 될 수 있도록 자신을 관리하는 일입니다.

여자도 마찬가지입니다. 여자도 사춘기가 되면 호르몬이 발생합니다. 호르몬이 분비되면서 얼굴선과 몸선이 부드러워집니다. 여자의 곡선이 주는 매력이 한껏 발산될 때입니다. 여자의 호르몬도 남자의 그것처럼 많은 일을 합니다. 먼저 여자의 난소에 작용해서 알을 만들어 냅니다. 여자가 얼마나 많은 알을 품는지 아십니까?

여자의 뱃속에는 30만 개에서 40만 개의 알이 있고, 그 중 4백 개 정도를 평생 동안 한 달에 하나씩 성장시켜서 배란을 시킵니다. 이때 여자의 몸은 자궁내막이 두꺼워지면서 수정란이 자궁에서 착상이 되도록 준비를 하는데 정자와의 만남이 없으면 수정이 되질 않습니다. 그러면 중앙센터로 연락이 갑니다. '이번 달도 그냥 지난다' 이 신호와 함께 자궁내막에서는 안으로 사인을 보냅니다. '이번 달도 안 된단다. 쓸데 없이 안에 있지 말고 나가자' 이러면 모두 밖으로 터져 나옵니다. 이것이 바로 월경입니다. 월경이 시작되면 처음엔 피가 조금 나오다가 나중에는 핏덩어리 같은 게 쏟아지는데, 그것은 자궁내막이 떨어지는 모습이기 때문에 정상적인 상태라 할 수 있습니다.

그래서 이 시기부터 여자는 더욱 청결하게 자신의 몸을 관리해야 합니다. 물론 여자의 질은 내부적으로 자정작용을 합니다. 안에 찌꺼기가 있으면 청결을 유지하기 위해 그 찌꺼기를 밖으로 내보내는데 그것이 바로 '냉' 이라는 것입니다. 병에 걸린 것도 아닌데 노란 분비물이 조금씩 나오는 것을 말합니다. 심하지만 않다면 지극히 정상적인 일입니다. 그래서 여자들은 예부터 '뒷물'이란 걸 하는데, 저녁이 되면 밑을 미지근한 물로 씻어 줍니다. 실제로 여자의 성기 구조는 남자와 달라서 잘못 관리하면 매우 지저분할 수 있습니다. 그 주변이 자주 젖을 뿐 아니라 항문도 근처에 있어 불결해질 가능성이 높기 때문입니다.

제가 근무하는 병원에도 산부인과 질환으로 수술 받으러 찾아오는 여자분들이 있는데 찾아올 때 몸을 씻지 않고 오는 경우가 있습니다. 간호사들이 마스크를 쓴 채 그 근방을 씻어주긴 하지만, 그때마다 간호사들은 눈살을 찌푸립니다. 냄새가 날 정도로 지저분하기 때문입니다.

여자의 특권은 아름다움입니다. 이 아름다움을 위해 늘 청결을 유지하는 습관을 길러야 합니다. 당장 보이는 얼굴만 치장할 것이 아니라 마음과 정신, 그리고 장차 아기를 가질 거룩한 아기의 방을 위해 온몸을 청결히 유지하는 지혜가 필요합니다.

사춘기가 되면 여자들은 달라진 신체 변화에 당황스럽겠지만, 그만큼 달라진 몸을 잘 가꾸고 보호해야 합니다. 여자의 몸은 장차 신랑 되는 사람과 일치를 이루는 몸이기도 하거니와 아기의 생명이 최초로 자랄 곳이기 때문에 더욱 그렇습니다. 그래서인지 여자의 신체 구조는 남자보다 훨씬 복잡하고 섬세합니다. 나는 이것을 "옵션이 많다"는 말로 표현합니다. 옵션이 많은 귀한 몸이기 때문에 더욱 자신의 가치를 지킬 줄 알아야 하는 사람이 여자입니다. 절대로 자신의 몸을 가치 없게 사용해선 안 됩니다. 나만의 몸이 아니라 하나님의 것이며 동시에 내 아기가 기거할 방이기 때문입니다.

이렇게 여자가 아내와 엄마로서 준비되는 사춘기를 맞이하면 자연스럽게 남자에 대한 그리움에 젖습니다. 이성과 만나고 싶고, 얘기도 나누고 싶습니다. 일반적으로 사춘기의 남자가 성욕이 왕성해지는 것과 달리 여자들은 성욕으로서의 충동이 아닌, 이성을 향한 그리움의 열병을 겪습니다. 배출 욕구로서의 충동적 성이 아닌, 순수한 사랑의 열병을 겪는 시기입니다. 이 역시 하나님의 자연스런 설계입니다.

남녀의 성적 리듬

어떤 청년 커플 중 자매가 내게 찾아와 이런 질문을 던집니다.

"장로님, 교제를 하면 남자들은 하향 곡선을 타고, 여자들은 상승 곡선을 탄다는데 그게 맞아요? 남자는 교제를 시작하면 그 마음이 식기 시작하고, 반대로 여자는 교제를 하면서부터 남자에게 집착하게 된다면서요?"

"글쎄? 그건 서로 잘 안 맞는 커플들에게서 나온 말이 아닐까? 서로 잘 맞는 짝을 만나면 둘이 함께 상승 곡선을 타지, 왜 하향 곡선을 타? 다만 남자와 여자의 차이점을 서로 맞춰 가지 못하면 문제가 생기기도 하겠지."

사실, 나도 결혼 전 여러 자매들과 데이트하면서 자매를 향한 호감의 열기가 막 달구어졌다가도 데이트를 시작하면 차츰 식어져 버리는 것을 경험했습니다. 그러나 지금의 제 아내를 만났을 때는 계속해서 마음의 열기가 더해졌고, 결혼 후 지금까지도 그 마음의 깊이는 해를 더해 갈수록 깊어졌습니다. 서로가 진정 사랑하고 잘 맞는다면 하향 곡선이니 상승 곡선이니 하는 말이 나올 겨를이 없습니다.

어쩌면 상승 곡선, 하향 곡선의 실제 의미는 남자와 여자의 다른 성적 리듬을 뜻하는 것인지도 모릅니다. 여자와 남자는 성적 리듬도 매우 다르기 때문입니다. 성기의 구조 자체가 완전히 다를 뿐 아니라 성적 욕망의 시기 또한 매우 다릅니다. 이렇게 매우 다르기 때문에 한 남자와 한 여자의 결합이 더욱 신비롭게 느껴지는지 모릅니다. 부부관계는 그 다른 성적 리듬까지도 묘하게 맞춰 가는 과정으로서, 그것을 통해 부부는 완전한 일치감을 경험합니다.

일반적으로 남자는 결혼 적령기 이전에 가장 강렬한 성적 욕구를 경험합니다. 섹스의 경험이 전혀 없는데도 사춘기 시절부터 왕성한 성적 욕구에 시달립니다. 참을 수 없는 성적 충동에 휩싸입니다. 따라서 이 시기에 여자들이 개방적인 태도로 남자에게 다가가면 남자는 정신을 차릴 수가 없습니다. 최대한 성적 자극을 하지 않아야 합니다.

반면, 여자는 결혼 이후에 왕성한 성욕이 생겨납니다. 남자를 경험하기 전의 여자는 성욕에 시달릴 일이 없습니다. 다만 왜곡된 성문화를 간접적으로 접하면서 성을 주야로 묵상한다거나, 데이트를 통해 남자가 자꾸만 스킨십을 해 주면 여자도 성적 욕구에 휩싸일 수 있습니다. 어떤 식으로든 한 번의 오르가즘을 경험한 여자는 강렬한 성적 충동을 경험합니다. 요컨대 여자는 직접적이든 간접적이든 경험에 의해 성욕을 느끼는 존재입니다.

남자와 여자의 성적 리듬은 왜 이렇게 다를까요? 이왕이면 딱 맞아 떨어지는 게 좋을 것 같은데요. 젊은 남자의 성적 충동은 매우 강렬해서 때론 그 자신이 제어하기가 힘이 듭니다. 여자와 함께 있으면 성적인 생각이 자꾸 찾아옵니다. 그런 만큼 여자가 상대방의 성적 욕구를 절제시킬 줄 알아야 합니다. 캄캄한 데 가자고 해도 밝은 데로 가도록 이끌어 줘야 합니다. 그런데 여자마저 18세–25세 사이에 가장 강력한 성적 욕망에 휩싸인다고 생각해 보십시오. 남자와 여자는 만났다 하면 정신이 없을 겁니다. 결혼 전에 이미 모든 에너지를 성적인 곳에 다 소모해 버릴지도 모릅니다.

결혼한 부부는 직장에 나갈 생각도 안 하고 그저 밤낮 없이 그 일에만 매달릴지도 모릅니다. 결혼 후 여자가 임신을 하면 남자는 성적으로 절제해야 하는데, 그 기간을 참지 못해 딴 여자를 찾아다닐지도 모릅니다.

다행히 남자와 여자는 서로 다른 성적 리듬을 갖고 태어났습니다. 정말 신비하지 않습니까? 이 때문에 둘은 적당히 절제할 수 있고, 가장 적당한 때에 성적 황홀감을 체험할 수 있습니다. 하나님께선 남자와 여자의 성을 이렇게 다르게 만드시면서 우리가 성을 적절하게 절제하여 가장 멋지게 사용하기를 원하신 것 같습니다.

왕성한 성욕, 어떻게 다스리나?

앞서 말씀드린 대로 남자는 미혼의 시기에 가장 성욕이 왕성합니다. 이 시기에 성범죄에 노출될 가능성이 크다는 뜻이기도 합니다. 순간적인 눈앞의 유혹에 자기 자신을 망칠 가능성이 크다는 뜻입니다. 그래서 젊은이들은 더더욱 주의 말씀을 묵상하며 자신을 주님께 드려야 합니다.

> "청년이 무엇으로 그 행실을 깨끗게 하리이까 주의 말씀을 따라 삼갈 것이니이다"(시 119:9).

주의 말씀 안에는 정결하게 하는 샘이 있습니다. 주의 말씀 안에는 우리가 가야 할 길이 있습니다. 주의 말씀을 주야로 묵상하며 은혜에 젖어 보십시오. 절대로 범죄에 노출되지 않습니다. 성은 참 신기하게도 부부관계에서는 축복으로 작용하지만, 그 외의 것에서는 범죄로 작용합니다. 따라서 성에 가장 민감한 청년의 시기에 주님을 묵상하지 않으면 주야로 성을 묵상하게 되고, 그것은 매우 위험한 결과를 가져옵니다.

말씀 연구, 영성 훈련, 찬양하는 일은 제쳐 두고, 혼자 집에 앉아 음란 잡지를 보거나 포르노 사이트에 들어가 현란한 장면들을 감상하다 보면 누구나 성적인 에너지가 솟구치게 되어 있습니다. 수영을 못하는 어린애가 물가에 아장아장 기어 들어가는 것과 마찬가지입니다. 아예 물가로 가지 말아야 합니다. 왜 포르노 사이트에 접속을 합니까? 왜 음란 잡지를 들여다보고 있습니까?

우리 몸의 호르몬 기관은 사용하면 사용할수록 발달하게 되어 있습니다. 성적 에너지 역시 자극을 줄수록 더 발달되어 자꾸만 사용하고 싶어집니다. 자위행위가 대표적 예입니다. 일단 시작한 사람은 그만두기가 정말 힘듭니다. 어떤 청년은 하루에 15번의 자위행위를 한다고 고백했습니다. 이 정도면 심각한 중독 현상과 다르지 않습니다.

남자는 성적 자극을 받으면 자신의 의지와는 상관없이 성기가 커지고, 곧 배설하고 싶은 열망에 빠지고 맙니다. 이러한 열망은 매우 강렬해서 제어하기가 무척 힘이 듭니다. 이럴 때는 단둘이 폐쇄적인 공간에서 만나는 일 자체를 끊어야 합니다. 교회 안에서 만난다거나 야외로 나가 등산을 즐기는 등 지혜가 필요합니다. 남자는 남자대로 자신의 성욕이 어느 정도의 선에 와 있는지 판별해서 결단력 있게 행동해야 하고, 여자는 여자대로 남자의 스킨십이 위험 수위에 와 있지 않은지 지혜롭게 파악해서 절제시킬 줄 알아야 합니다. 남자가 여자의 몸을 더듬기 시작할 때 감상적인 생각에 빠져 '이 사람이 나를 많이 사랑하는구나' 라고 생각해선 안 됩니다. 사랑이라는 감정이 깔려 있다 해도, 그것은 욕망의 차원임을 냉철하게 판단해야 합니다. 만약 이러한 분별력이 없어지면 둘의 데이트는 인격적인 만남의 데이트에서 성욕을 나누는 데이트로 변질되고 맙니다. 한 번 그렇게 진행되어 버리면 그 다음부터는 성이 주는 감동과 쾌락 때문에 다른 종류의 데이트는 거부합니다. 성에 만끽한 채 성에 취해 사는 것입니다. 그러다 사소한 말다툼을 이기지 못해 헤어지고, 돌이킬 수 없는 상처를 받습니다.

그러면 어떻게 해야 할까요? 데이트에 지혜를 모아야 함과 동시에 주님 앞에서 떠나지 말아야 합니다.

어떤 한 형제는 인터넷에서 접속되는 성인 사이트 때문에 매우 괴로움을 겪은 일이 있었습니다. 메일을 열면 하루에도 수십 통씩 스팸 메일이 들어 왔다고 합니다. 처음엔 '이게 뭘까?' 라는 단순한 호기심에 열어 보기 시작했는데 날이 갈수록 그 사이트에 접속하는 시간이 길어졌다고 합니다. 그것을 보면서 성적 충동이 더해 갔고, 자매와 데이트를 하면서도 자꾸만 인터넷에서 본 장면이 떠올라 스킨십의 강도가 깊어진다고 고백해 왔습니다. 성인 전용 사이트에 중독된 사람들은 여자를 보면 요상한 장면들이 자연스럽게 오버랩 되는 현상까지 경험한다고 합니다.

이처럼 인터넷에서 성을 간접 경험한 사람들은 결혼 후에도 성생활을 아름답게 이끌기가 힘이 듭니다. 이미 왜곡된 성을 경험했기 때문에 실제

부부관계가 시시하게 느껴지는 것입니다. 이래저래 성인 사이트의 경험은 결혼 전이나 결혼 후에나 심각한 부작용을 낳습니다. 여러분 중에도 이미 이런 일을 겪은 분이 있을 겁니다. 요즘에는 집집마다 컴퓨터 없는 집이 없고, 스팸 메일은 청소년들에게도 끊임없이 보내지고 있기 때문입니다.

그러면 어떻게 해야 할까요? 계속 스팸 메일을 보면서 성적 자극을 받지 않게 해달라고 기도해야 할까요? "주님, 어떤 성적 자극이 와도 흥분하지 않게 해 주십시오." 만약 주님께서 이런 기도에 응답해 주시면 그땐 정말 큰일 납니다. 그렇게 되면 정상적인 결혼생활을 이어 갈 수가 없습니다. 나는 그 청년에게 스팸 메일 차단 프로그램을 깔아 놓을 것을 제안했습니다. 컴퓨터 앞에서 자극적인 장면들을 이미 경험한 사람들은 컴퓨터 앞에만 앉으면 또 그 장면이 떠올라 똑같은 사이트에 들어가기 쉽습니다. 따라서 컴퓨터를 거실 같은 공개적인 장소에 내 놓거나 아예 스팸 메일 차단 프로그램을 깔아 놓아야 합니다. 이때도 자신이 프로그램을 깔면 비밀번호를 알고 있기 때문에 효과가 없습니다. 본인 아닌 누군가에게 부탁하는 결단이 필요합니다. 그래도 어려우면 주님 앞에 나아가야 합니다. 조급하게 생각하지만 말고, 자신의 관심거리를 돌려놓을 수 있는 운동이나 취미에 집중해 보는 것도 좋습니다.

우리 자신이 조그만 유혹에도 걸려 넘어지기 쉬운 실로 연약한 존재인지를 안다면, 그리고 우리의 영혼이 잘 되어야 범사에 축복 받을 수 있다는 사실을 믿는다면, 우리 영혼을 병들게 하는 유혹거리들은 애초에 차단시키려는 결단력이 필요합니다. 나를 알고 나를 잘 관리할 때 하나님의 선물을 더욱 풍성히 받을 수 있습니다.

"내가 주께 범죄치 아니하려 하여 주의 말씀을 내 마음에 두었나이다"(시 119:11).

"사랑하는 자여 네 영혼이 잘 됨같이 네가 범사에 잘 되고 강건하기를 내가 간구하노라"(요삼 1:2).

처녀막이 처녀성을 보장한다?

청년들이 가장 민감하게 생각하는 부분 중의 하나가 바로 '처녀막' 입니다. 처녀막이 곧 처녀성을 보장해 준다는 생각 때문에 남자들은 첫날밤에 여자의 처녀성을 살피려 하고, 여자는 결혼 전에 순결을 잃고도 처녀막 재생 수술을 받으려고 합니다. 어떤 자매들은 혼전 순결을 잃은 후 자신이 하나님 앞에 범죄 했다는 사실보다는 처녀막을 잃었다는 사실 때문에 괴로워합니다. 처녀막이 우상이 된 세상입니다.

모두가 알다시피 여자의 자궁은 장차 아기가 거할 거룩한 집입니다. 그래서 여자는 모든 몸가짐을 조심해야 합니다. 여자가 술, 담배를 안 해야 하는 이유도 이와 관계가 깊습니다. 일반적으로 여자들은 아기를 가지면 술을 끊지만 사실은 아기를 갖기 전부터 술, 담배를 멀리해야 합니다. 아기가 생기기 전의 몸 상태가 아기의 건강 상태를 좌우하기 때문입니다. 몸 안이 이미 병들어 있으면 아기가 생긴 후에 아무리 몸을 잘 관리해도 아기는 매우 안 좋은 환경 속에서 괴로워하게 됩니다.

아기가 거하는 궁전이란 뜻의 자궁은 그래서 더욱 신비롭습니다. 하나님께서는 이 신비한 자궁에 3개의 문을 허락하셨습니다. 그 문이 바로 대음순, 소음순, 처녀막입니다. 여자의 성기 가장 바깥쪽을 덮고 있는 부분이 대음순이라면, 그 안쪽에는 소음순이란 문이 살며시 닫혀 있습니다. 그 문을 열고 들어가면 질 입구에 '처녀막'이라는 문이 나옵니다. 이 문은 아무나 들어갈 수 없고, 사랑하는 남편만이 들어갈 수 있도록 가장 예민하게 설계되어 있습니다. 닿으면 아프고 피가 나오는 것은 그 때문입니다.

일반적인 연구에 의하면 이 처녀막도 세 가지 종류가 있습니다. 우선 가장 일반적인 유형의 처녀막입니다. 여자들의 50퍼센트 정도가 이에 해당하는데, 우리가 알고 있는 대로 첫날밤에 부부관계를 할 때 피가 흐르면서 찢어집니다. 전체적으로 얇게 덮여 있는데 관계를 가지면 그 막이 터지게 되므로 자연히 통증과 함께 피가 흐릅니다. 그러나 다른 종류의 처녀막을 가진 여자는 처녀가 분명한데도 첫날밤에 피를 흘리지 않습니다. 여자들 약 20퍼센트 정도가 이에 해당하는데, 이런 사람은 막 자체가 거의 뚫려 있어서 첫날밤에 관계를 가져도 크게 아프지 않고, 피도 흐르지 않습니다. 첫 관계를 가진 후 본인도 황당해합니다.

문제는 나머지 종류에 해당하는 경우입니다. 이런 사람은 첫날밤에 피투성이가 됩니다. 처녀막이 얼마나 두껍고 큰지 그걸 뚫고 들어가려면 여자는 거의 초죽음이 됩니다. 실제로 응급실에 실려 온 한 여성은 자기 평생 그렇게 아픈 적이 없었다고 털어났습니다. 놀랍게도 이런 여성이 약 30퍼센트나 되는데, 이런 여성들은 첫날밤을 제대로 치르기 어렵습니다. 비명을 지르고 울고불고 난리가 납니다.

그래서 미국 여성들은 결혼하기 전에 '처녀막 제거수술'이란 걸 합니다. 미국에서 인턴 생활을 하던 시절, 산부인과 수술실에서 이 광경을 보고 얼마나 놀랐는지 모릅니다.

"선생님, 한국에서는 처녀막 재생수술을 하는데 어떻게 여기는 처녀막 제거수술을 합니까?"

알고 봤더니 미국에서는 결혼 전에 신부 될 사람이 가족 주치의에게 가서 미리 처녀막 검사를 받는다고 합니다. 이 검사를 해 보고 자신의 처녀막이 세 번째 종류에 해당될 경우 신랑 될 사람에게 허락을 받아 미리 수술을 받는다는 것입니다. 실제로 이런 수술을 받지 않고 결혼한 여성의 경우는 아기를 낳기 전까지 부부관계가 매우 힘듭니다. 부부관계가 행복이 아니라 고통으로 느껴집니다. 미국에서처럼 결혼 직전에 신랑과 상의해서 처녀막 제거 수술을 하는 것이 바람직할 수도 있는 경우입니다.

따라서 여자들은 처녀막 자체로 자신의 처녀성을 증명하려 해서는 안 됩니다. 남자들도 여자의 처녀성을 함부로 판별하려는 생각을 버려야 합니다. 우리 모두가 십자가 앞에 선 죄인임을 알고, 두 사람이 하나님의 은혜로 구원받아 '결혼'이라는 축복의 문까지 올 수 있었다는 사실에 감사하면서 첫날밤을 보내야 합니다. 이미 찢겨진 처녀막을 복원하려고 재생수술을 하는 사람, 그래서 깨끗한 척 연기하는 사람, 첫날밤 신부의 피 흘림 여부로 순결 상태를 판별하려는 사람, 처녀막을 잃었다는 사실에 세상이 끝난 것처럼 절망하는 사람, 반대로 혼전 순결은 아무것도 아니라며 맘껏 쾌락에 도취되어 사는 사람, 모두 똑같은 속물들입니다. 과거에 내가 어떤 삶을 살아왔든 주님의 십자가 은혜를 아는 그 순간부터 자신을 주님 앞에 드리는 사람, 즉 그 순간부터 자신을 깨끗하게 지키고 관리함으로써 죄사함을 받은 사람이 진정으로 깨끗한 처녀요 총각임을 잊지 말아야 합니다.

육적인 순결을 지켜왔다면 앞으로도 더욱 주님의 십자가를 붙들고 순결한 모습으로 살아가시고, 성적인 범죄를 저지르며 살아왔다면 지금 이 순간 십자가 앞에서 자신의 모든 죄를 끊고 자신을 정결하게 주님 앞에 드리십시오. 그런 사람이 복 있는 사람입니다. 우리 마음을 감찰하시는 분께서 우리를 정결한 자녀로 인정해 주시는 삶을 사는 것이 가장 중요하다는 사실을 잊지 마시기 바랍니다.

사랑하면
만지고 싶다

감탄과 간음의 차이

"뜨겁게 사랑하면서도 순결할 수 있을까요?"

이런 질문에 자신 있게 "예"라고 대답하는 사람이 드뭅니다. 육체적 순결은 그렇다 하더라도 마음의 문제까지 들어가면 어느 누구도 확신에 찬 대답을 하기 어렵습니다. 특히, 남자 청년들은 이 문제에 대한 고민을 많이 합니다.

"장로님, 저는 왜 예쁜 여자만 보면 눈이 돌아갈까요? 예수님께서는 여자를 보고 음욕을 품는 자마다 이미 간음했다고 말씀하셨는데 그러면 저는 하루에도 수십 번씩 간음합니다."

이렇게 고백하는 청년을 향해 제가 묻습니다.

"형제, 나도 어제 아내와 함께 캘리포니아 바닷가에 나갔다가 눈에 띄게 예쁜 아가씨가 수영복을 입고 지나가길래 몇 번 쳐다봤어요. '야, 정말 예쁘다~' 이런 생각을 했는데 그럼 나도 음욕을 품은 거네요?"

제 질문에 형제는 놀라면서 대답합니다.

"장로님도 그러신다고요? 그게 음욕 아닌가요?"

그러나 그것은 음욕을 품은 게 아닙니다. 육감적인 여자의 모습을 보고도 전혀 감동을 받지 않는 남자가 있다면 두 부류 중의 하나일 것입니다. 즉 두 살 먹은 남자아이이거나 아파서 죽어 가는 남자입니다. 이 두 부류의 사람들은 수영복 입은 육감적인 여자의 모습에 감동을 받을 수 없습니다.

우리는 예쁘고 아름다운 것을 보면 감동을 받습니다. 예쁜 아기를 보면 만져 보고 싶고, 맑은 물을 보면 발을 담그고 싶습니다. 이것은 인지상정입니다. 따라서 거기까지는 음욕이 아닙니다. 예쁜 여자를 보고 예쁘다고 생각했고 한 번 만져 보고 싶다고 생각하는 것은 정상적인 남자의 상태입니다. 그러나 그런 그림을 내 마음 중심에 받아들여서 적극적으로 활동하게 하면 음욕의 상태에 빠지고 맙니다. 여자의 벗은 모습을 자꾸만 상상하고, 그 여자와 함께 자는 모습을 상상하면서 성적인 판타지에 빠지는 것이 간음입니다. 우리는 마음이 이런 상태가 되지 않도록 관리해야 합니다. 어떻게 관리해야 합니까?

> "기도 외에 다른 것으로는 이런 유(類)가 나갈 수 없느니라 하시니라"(막 9:29).

기도해야 합니다. 연약하기 때문에, 스스로도 어쩌지 못하는 자신의 내면을 주님께서 다스려 주시고 통치해 달라고 기도해야 합니다. 그래서 어떤 사람은 데이트하던 시절이 곧 하나님께로 가까이 다가서는 시기였다고 고백합니다. 기도는 이처럼 자기 자신을 지켜 주면서 데이트를 아름답게 인도해 주는 역할을 합니다.

어떤 책에선가 이런 내용이 있었습니다. 남학생이 데이트를 약속한 여학생을 만나러 가는 중이었습니다. 그는 그날의 데이트를 생각하며 모종의 계획(?)을 세워 놓았습니다. 그런데 여학생을 차에 태워 운전대에 앉는 순간, 그는 여학생의 기도하는 모습에 마음을 고쳐먹어야 했습니다.

'오늘 나의 모든 계획은 수포로 돌아갔다.'

실제로 그 남학생이 쓴 내용이었습니다. 그는 기도하는 자매의 모습을 보면서 그날의 데이트 내용 자체를 완전히 바꿔야 했습니다. 성적으로 유혹하려던 자신의 마음을 십자가 앞에서 돌아보았습니다. 자매를 향한 자신의 마음이 진실한 관심이 아니라 욕망이었음을 알게 되었습니다. 데이트하는 차에 올라 잠깐 동안 드리는 자매의 기도가 형제의 부끄러운 욕망을 벗게 했던 것입니다.

데이트를 시작할 때 드리는 기도는 서로의 만남을 성적인 유혹으로부터 지켜 줍니다. 그래서 나는 데이트하는 커플들에게 만나면 먼저 기도부터 하라고 권유합니다. 이 기도는 너무 길게 할 필요가 없습니다. 하나님께서 그날의 데이트를 아름답게 인도해 달라고 두 손 모아 짧게 기도한 뒤, 이후의 시간을 멋지게 보내면 됩니다.

"하나님, 오늘도 저희 두 사람이 만나 좋은 시간 보낼 수 있게 해 주셔서 감사드려요. 저희의 만남을 오늘도 주님께서 인도하시고, 멋지게 보내도록 도와주세요. 이 시간들이 서로에게 귀한 시간들로, 아름다운 추억으로 새겨지도록 인도해 주세요. 예수님 이름으로 기도드립니다. 아멘!"

서로의 추억을 새기는 아름다운 만남의 동산에 주님을 모셔 들이는 기도야말로 두 사람의 데이트를 완전하게 인도해 줄 것입니다.

성은 너무 달콤해!

뜨거운 피가 끓던 젊은 시절, 나는 절대로 육체관계를 하지 않겠다고 결단함으로써 모든 교제를 풍요롭게 이끌 수 있었습니다. 도박의 중독성과 심각성을 인식하는 사람은 아예 도박 근처에도 가지 않는 것이 좋습니다. 제가 아는 어떤 형제는 대학 시절 대학생들의 놀이문화로 굳어진 고스톱을 처음부터 철저히 차단하는 모습을 보여 줬습니다. 친구들이 자신의 자취방에 몰려와 고스톱을 칠 때 "야, 너는 고스톱도 할 줄 모르냐? 치면서 배워. 내가 가르쳐 줄게"라고 할 때마다 이 형제는 이렇게 답했다고 합니다.

"내 성격에 고스톱 한번 배우면 가산을 탕진할 놈이야. 그래서 아예 안 배우는 거니까 유혹하지 마라."

그래서 친구들이 자신의 자취방에 둘러앉아 고스톱을 치면 혼자 컴퓨터를 하거나 산책을 나갔다 오곤 했습니다. 고스톱 룰을 모르니 친구들이 아무리 재미있게 놀아도 별로 흥미가 당기지 않았습니다. 그 흔한 '스타크래프트' 게임도 한번 시작하면 끝을 보는 자신의 성격을 감안, 아예 처음부터 피했다고 했습니다. 고스톱이나 스타크래프트를 몰라도 사는 데 전혀 지장

이 없다고 판단하고 행동하는 그 형제의 현명함을 보면서 성적 순결을 지키는 비법도 이와 같다고 생각했습니다.

모든 죄악이 그렇지만 우리가 성적 죄악을 저지르는 이유가 무엇입니까? 그 죄악의 맛이 너무도 달콤하기 때문입니다. 그 맛을 이미 보았기 때문입니다. 죄를 지은 후에는 죄책감이 따라오지만 죄를 짓는 그 순간에는 너무도 짜릿하고 달콤한 맛이 주어지기에 죄의 유혹을 뿌리치지 못하는 것입니다. 실제로 데이트 시절에 어떤 식으로든 성의 달콤함을 접해 본 사람들은 그 달콤함을 잊지 못해 다시 성에 집착합니다. 결혼 후에 주어질 성적 자유와 풍요로움을 위해 절제하라고 주변에서 아무리 권유해도 한번 맛본 성의 쾌락을 끊기란 매우 어렵습니다. 게다가 사랑하는 사람과 벌어지는 성적 관계는 더욱 그렇습니다. 사랑이라는 감정은 남녀 사이의 친밀함을 극도로 자극시키기 때문에 성적으로도 가까워지고 싶은 게 인지상정입니다.

나도 이 사실을 체험한 사람입니다. 아내와 데이트하던 시절, 나는 철저하게 성적 자극을 피했습니다. 그 덕분에 우리에게는 데이트에 관한 아름다운 추억이 많이 있습니다. 인격적으로도 서로 매우 깊은 신뢰를 쌓았던 시간이었습니다. 특히 함께 집회에 참석하여 하나님의 은혜에 감격했던 순간, 우리의 미래를 주님께 드릴 것을 함께 결단했던 시간들은 지금도 잊을 수 없는 감동으로 남습니다.

그런데 미혼 시절의 끝자락이었던 어느 날 우리의 데이트 리듬을 바꿔 놓는 결정적인 사건을 겪고 말았습니다. 데이트를 잘 마치고 식사를 하기 위해 중국 음식점에 들어갈 때까지는 좋았습니다. 방 안에 들어가서 음식을 시킨 아내는 피곤에 지쳤는지 잠시 쉬고 싶어 했습니다.

"내가 지금 너무 피곤해요. 좀 누워도 괜찮겠지요?"

정말 아내는 몸이 안 좋은지 그날따라 몹시 고단해 보였습니다. 우리는 이미 결혼을 약속한 터라 서로에 대한 경계심도 없었고, 나는 흔쾌히 "편히 누우라"고 답했습니다. 그런데 문제는 그때였습니다. 투피스를 입은 채 옆으로 누워 있는 아내의 다리가 보이는데 갑자기 제 눈이 번쩍 뜨였습니다. 특히 옆으로 눕는 바람에 한쪽으로 살짝 몰린 아내의 앞가슴 윗부분이 옷 사이로 보이는 순간에는 정신을 차릴 수가 없었습니다. 그 전까지는 한 번도 아내를 성적인 대상으로 생각해 본 적 없던 순진무구한 내게 가혹한 시련이 찾아왔습니다. 성욕이 일어났던 것입니다. 나는 곧 아내에게 치근대기 시작했습니다. 아내의 다리를 만지고 싶어 합니다. 그런 나를 향해 순진한 아내는 노골적인 불만을 표시합니다.

"진짜 신앙 좋고 건실한 사람인 줄 알았더니 왜 이래요? 실망이에요."

아내는 아내대로 내가 너무나 실망스러웠겠지만 나는 나대로 그 시간에 굉장한 인내력 테스트를 받아야만 했습니다. 성적인 유혹 앞에는 그렇게 건실했던 젊은이도 흔들릴 수 있다는 사실을 처음 알았던 시간이었습니다.

데이트를 하다 보면 여자는 생각지도 못하게 남자를 유혹하는 원인을 제공합니다. 대부분은 앞서 소개한 내용처럼, 남자를 너무 모르기 때문에 유혹거리를 제공하는 경우입니다. 어떤 자매들은 별 생각 없이 자신의 자취방에 애인을 초대합니다. 저녁 시간에 방 안에 촛불을 켜 놓은 채 은은한 음악을 틀어 놓는 자매도 있습니다. 사실 여자는 로맨틱한 분위기를 좋아하기 때문에 사랑하는 사람과 함께 그 분위기를 즐기고 싶어 벌인 일이지만, 정작 남자들은 그런 순간에 엉뚱한 생각부터 합니다. 여자가 그런 분위기를 만든 이유도 혼자 오해합니다. 자신이 성욕에 불타오르고 있기 때문에 상대방도 그럴 것이라고 착각하면서 덤벼드는 것입니다.

그래서 서로에 대한 이해가 필요합니다. 여자는 여자대로, 남자는 남자대로 서로의 차이점을 알고 접근함으로써 데이트를 아름답게 이끌어야 합니다.

결혼 전의 스킨십

데이트 기간이 길어지면 스킨십 문제로 고민하게 됩니다. 처음엔 그저 손을 잡고 걷는 것만으로도 좋았는데, 남자의 끊임없는 스킨십 작전에 여자도 그만 마음의 빗장을 다 열어 버리고 맙니다. 남자의 스킨십이 여자를 자극시켜 순진했던 여자들도 남자와 더불어 성적인 관계를 즐기곤 합니다.

"서로 좋아하는데 키스 정도는 당연한 거 아니에요?"

이렇게 말하는 사람도 있고, 어떤 이들은 애무를 즐기는 것까지도 당연하게 생각합니다. 그런가 하면 어떤 사람은 결혼 전까지 손조차 잡아선 안 된다고 말합니다. 여러분의 생각은 어떻습니까? 결혼 전, 우리가 할 수 있는 육체적 친밀함의 표시는 어디까지라고 보십니까?

많은 형제, 자매들과 성상담을 하면서도 이 부분에 대해서만큼은 뚜렷한 답을 찾지 못해 애를 먹었습니다. 그러던 중 조시 맥도웰이라는 분이 쓴 책을 읽다가 그 답을 찾았습니다. 앞에서 말씀드린 대로, 결혼 전의 스킨십은 상대방에게 성욕을 일으키지 않는 정도가 가장 적당합니다. 즉, 상대방이 성욕을 일으키는 정도라면 아무리 가벼운 포옹이라도 이미 위험하다는 것입니다.

    사랑하는 사람을 보면 당연히 만지고 싶은 생각이 듭니다. 손도 잡고 싶고, 한번 껴안아 주고도 싶습니다. 이것은 사랑스런 아기를 볼 때도 마찬가지입니다. 아기를 보고 있으면 나도 모르게 "아, 정말 예쁘다"고 말하며 볼을 쓰다듬습니다. 예쁜 꽃을 봐도 만지고 싶고, 예쁜 강아지를 봐도 가서 머리를 쓰다듬어 줍니다. 이처럼, 사랑의 감정은 자연스럽게 스킨십을 유발합니다. 사랑하는 사람끼리 만나면 서로 껴안고 어깨를 두드려 주고, 입을 맞추는 일들은 그런 면에서 매우 아름다운 모습입니다. 사랑스럽습니다.

    그런데 문제는 그것이 성욕을 자극시키는 데까지 도달하면 위험하다는 것입니다. 남자들은 일단 성욕이 찾아오면 '멈춤' 표시를 지키기 어렵습니다. 엄마들이 "남자들은 다 늑대야"라고 말하는 이유가 그것입니다. 남자들은 성욕이 올라오면 이성의 통제를 받지 못하는 짐승의 수준이 된다는 뜻입니다. 따라서 서로 그런 단계에 도달하지 않도록 분명한 경계선을 긋는 것이 좋습니다. 미리 성에 대한 오픈 토크를 해서 "어디까지가 상대의 성욕을 일으키지 않는 범위인가?"를 정하고 그 선을 넘지 않도록 해야 합니다. 내가 상담했던 어떤 자매는 별명이 '대기만성'이라고 했습니다. "대기만 해도 성감대"라는 뜻의 별명이었습니다. 이렇게까지 심한 경우도 있나 싶지만, 그 자매는 특수한 경우라고 합니다. 그렇다면 이 자매는 포옹도 피해야 합니다. 빨리 사랑하는 남자를 만나 결혼할 수 있도록 기도해야 합니다.

    어찌됐든 사랑의 포옹은 아름다운 것입니다. 어머니가 자녀를 안아 주는 포옹이나 스승이 제자를 안아 주는 모습은 얼마나 아름답습니까? 연인 끼리도 서로를 향한 그리움을 포옹으로 달래는 것이 얼마나 보기에 좋습니까? 그러나 거기서 그쳐야 합니다.

만약 껴안는 단계를 넘어서 키스를 하게 되더라도, 잠깐의 가벼운 입맞춤이 아니라 혀를 교환하는 진한 키스 단계에 이르면 위험해집니다. 거의 모든 사람들은 점막을 자극하면 성욕이 올라오게 되어 있습니다. 남자든 여자든 점막을 자극하면 성적으로 흥분합니다. 그리고 흥분한 둘은 다음 단계로 넘어가고 맙니다. 서로 성적인 흥분 상태에 들어가 있기 때문에 결코 절제할 수 없습니다.

결혼 전에는 절대로 이런 단계까지 가지 않도록 조심해야 합니다. 서로를 너무도 사랑한 나머지 만나면 더욱 뜨겁게 육체의 친밀함을 나누고 싶더라도 그 마음을 마음 깊이 담아 둔 채 기다려 보십시오. 그러면 상대방을 향한 사랑의 감정은 더욱 깊어집니다. 상대방이 더 깊은 관계를 간절히 원한다 해도 절대로 응해 주면 안 됩니다. 응해 주지 않았다고 해서 사랑의 관계가 깨어지지 않습니다. 오히려 응해 주지 않음으로써 대부분의 관계는 더 아름다운 관계로 진행됩니다. 만에 하나 육체적 요구를 들어 주지 않았다고 절교를 선언해 온다면 기꺼이 헤어짐을 감수하시기를 바랍니다. 그런 사람의 강압적인 요구 때문에 할 수 없이 육체적인 관계에 응해 주면 그 사람은 또한 그것 때문에 헤어지자고 말할 것입니다.

앞서 말씀드린 대로, 혼전의 성관계는 서로에게 돌이킬 수 없는 상처를 남깁니다. 왜냐하면 우리는 한 치 앞을 알 수 없는 인생이기 때문입니다. 우리는 내일 일을 기약할 수 없고, 나 자신조차도 믿을 수가 없습니다. 내가 오늘 상대방을 뜨겁게 사랑한다 해도 과연 이 마음을 끝까지 지킬 수 있다고 절대로, 절대로 장담할 수 없습니다. 그래서 우리는 기다려야 합니다. 상대방을 위해서, 그리고 나를 위해서 기다릴 수 있어야 합니다. 그것은 성 자체가 귀해서가 아닙니다. 우리의 존재 자체가 귀하기 때문입니다. 성을 나누는 그 마음, 그 마음이 귀하기 때문에 첫날밤까지 아껴 두라는 것입니다.

씻을 수 없는 상처, 동거

많은 경우, 혼전 성관계는 여자가 남자를 너무 몰라서 시작되는 경우가 많습니다. 관계를 갖자는 남자의 청을 끝까지 거절해야 하는데, 사랑하는 마음 때문에 이를 거절하지 못해 시작되는 것입니다. 그런 만큼 모든 책임이 여자에게 있다는 뜻은 아닙니다. 90퍼센트 이상 아니, 99퍼센트 이상은 그 관계를 요구한 남자의 책임이지만, 그 남자의 요구를 끝까지 거절해야 할 책임은 여자에게 있습니다.

대학생들은 주로 자취방에서 이런 일을 겪습니다. 갑자기 주어진 자유를 만끽한 나머지 모든 것을 마음 가는 대로 결정짓는 우를 범하고 맙니다. 결정에는 책임이 따른다는 사실을 망각한 채 '내가 하고 싶으니까'라는 태도로 평생 돌이킬 수 없는 일을 저지르고 마는 것입니다.

내가 아는 어떤 자매는 대학교 2학년 때 동거를 시작했다고 합니다. 신학기가 시작될 무렵, 다들 자취방을 구하러 돌아다니는데 1학년 때부터 사귀었던 선배 오빠가 짐을 싸 들고 자신의 자취방에 무작정 쳐들어왔습니다.

"오빠, 웬 짐이야?"

"나 이제부터 너랑 살란다."

남자의 배짱에 여자는 황당해하면서도 한편, 그 모습이 귀여워 보였다고 합니다. 절대로 안 된다고, 무슨 소리 하냐고 펄쩍 뛰어 보았지만 남자는 꿈쩍할 생각을 안 합니다.

"이미 자취방들이 다 나가서 내가 살 방이 없어. 너는 이 오빠가 불쌍하지도 않냐?"

불쌍한 표정으로 하소연하는 남자를 보자 자매는 마음이 약해졌습니다.

"그럼 어떡하려고?"

"일단 오빠 살 집 구할 때까지만 여기서 지낼게. 걱정하지 마라. 너 나 믿지? 그리고 너도 내가 옆에 있으면 무섭지 않아서 잠도 잘 잘 거 아냐?"

여리기만 했던 그 자매는 사실 밤마다 불을 끄고 자기가 무서웠습니다. 아직은 자취생활 자체가 무리일 정도로 홀로서기가 여간 벅찬 게 아니었습니다. 게다가 성적순으로 뽑는 기숙사 모집에 불합격하여 이번 학기에는 어쩔 수 없이 자취생활을 감당해야 했습니다. 문제는 그 시점에 애인이 쳐들어와 함께 있자고 졸라대었던 것입니다.

"그러면 진짜로 잠만 잘 거지? 며칠 있다가 나갈 거지?"

"그럼!"

그렇게 시작된 동거. 하루, 이틀이 지나도 별 일이 없었습니다. 이미 둘의 스킨십은 다소 진하게 진행되었던 터라 둘은 한 이불을 덮고 자면서도 강도만 조금 더했을 뿐, 섹스 단계까지는 안 갔다고 합니다. 순진한 자매는 그제야 안심하면서 마음을 놓았나 봅니다. 그러나 그것이 문제였습니다. 남자와 여자가 한 공간에서 한 이불을 덮고 자는데 아무 일이 없을 리가 없습니다. 3일째 되던 날 이 둘은 일을 저지르고 말았습니다. 그때부터 남자는 밤이면 밤마다 여자에게 치근댔고, 이 둘은 대학생활 내내 동거를 했습니다.

동거가 시작되면서 여자의 당황스러움은 이루 말할 수 없었습니다. 자신은 이 남자의 이성적인 매력에 끌려 사귀기 시작했던 건데, 동거까지 이르고 보니 너무 혼란스러웠습니다. 친구들과 선배들의 눈길도 곱지 않은 것 같아 마음고생이 이만저만이 아니었고, 가족들에게도 미안한 마음이 들 뿐이었습니다. 그런데도 동거를 그만두지 못하는 것은 어쨌거나 그녀 자신은 그 남자를 사랑한다고 믿고 있었고, 반 강요로 시작된 동거지만 처음 접해 본 성적 마력 같은 것에 그녀 자신도 빨려 들어가 있었기 때문입니다. 이미 이 남자에게 순결을 바쳤다는 생각은 더욱 동거를 지속할 수밖에 없도록 만들었습니다.

그러나 시간이 지날수록 이 자매는 남자의 성격이 자신과는 너무도 안 맞는다는 사실을 발견했습니다. 처음엔 남자의 푸근한 인상에 끌려 애인 관계로 발전했는데 급속도로 동거까지 이어진 것이 화근이었습니다. 둘은 서로의 성격이 서로에게 가장 이상적인지, 서로 간에 대화가 잘 통하는지조차 확인할 겨를이 없었습니다. 남자 대 여자로서의 매력으로 시작된 만남에서 육체관계로 이어지기까지 둘은 미래에 대한 설계조차 해 본 적이 없었습니다. 동거 이후에야 차츰 자매는 남자와의 인격적인 관계에 대해 회의를 느끼기 시작했습니다. 서로 추구하는 가치관이 너무도 다르다는 사실을 발견했습니다.

하지만 이미 둘은 함께 살고 있었고, 자매는 대학 시절 내내 남몰래 동거하고 있다는 죄책감에 시달리며 캠퍼스 생활을 해야 했습니다. 자신과 정말 잘 맞는 남자를 찾아 미래를 설계한다는 것은 이제 생각조차 할 수 없었습니다. 어느 때보다 화사해야 할 대학 시절이 이 자매에게는 얼룩진 기억으로 남겨졌습니다. 결국, 남자가 군대에 들어가 있는 동안 둘은 헤어짐을 선택합니다. 남자도 여자도 마음 가득 상처만 안은 채 대학 생활을 마무리했습니다.

지금도 그 자매는 그때의 일 때문에 죄책감에 시달리며 살아갑니다. 정말 매력적인 자매인데도 이성을 향해 쉽게 마음 문을 열지 못합니다. 씻기지 않는 수치스러움 때문에 누구에게도 마음 문을 열지 못한 채 괴로운 나날들을 보내고 있는 것입니다.

그 자매의 사연은 내 마음을 참 아프게 했습니다. 남자가 얼마나 성적으로 집요한 동물인지, 남녀가 한 공간 안에 있다는 것이 얼마나 자극적인 일인지, 이성적인 매력만으로 시작된 성적 관계가 얼마나 뼈아픈 상처를 남기는지를 보여 주는 사례였습니다. 자신의 성적 욕망을 채우기 위해 순진한 여자를 유혹하는 남자는 사탕 하나로 아무것도 모르는 어린아이를 유괴하는 파렴치한과 다를 바 없습니다. 사랑하기 때문에 거절하기 어려운 여자의 마음을 계산적으로 이용한 것이나 마찬가지입니다.

그런 점에서 나는 이 지면을 통해 자매들에게 말씀드리고 싶습니다. 어떤 순간에도 성적인 관계로 이어질 수 있는 빌미를 허용하지 말라는 것입니다. 사랑하는 남자가 성적인 에너지로 충만해 있을 때 자매의 매몰찬 거절은 남자에게 있는 사랑의 에너지를 증폭시키면 증폭시켰지, 그것 때문에 사랑이 식지는 않는 법입니다. 만약 성적인 관계를 거절했다는 이유로 헤어진다면 그것은 남자가 여자를 진실로 사랑하지 않았다는 증거입니다. 다음의 예는 그와 같은 사실을 보여 주는 사건입니다.

이미 엎질러진 물이니까?

미국에서 대학생 수련회를 인도한 적이 있었습니다. 대학생 수련회를 인도할 때는 청년들의 상담을 받느라 겨우 두어 시간밖에 잠을 못 자지만, 청년들은 강의 중간 중간 숙소에서 쉴 수 있는 시간에도 찾아옵니다. 나는 청년들에게 성 문제가 그만큼 절박함을 알고 있기 때문에 기꺼이 그들을 환영합니다.

그날도 강의를 마친 후 숙소로 찾아온 한 자매와 깊은 상담을 하게 되었습니다. 이 자매는 명문 대학 2학년에 재학 중인 한인 여학생이었습니다. 예쁘고 사랑스러운 외모를 지닌 자매는 교회 주일학교 교사직을 맡아 하나님 일에 열심인 사람이었지만, 역시 말 못 할 깊은 고민이 있었습니다. 성적인 문제였습니다.

이 자매는 사귀는 형제와 처음에는 멋진 데이트를 이어 갔다고 합니다. 둘 다 주일학교 교사로서 신앙생활을 신실하게 하고 있었고 서로를 깊이 사랑하고 있어 만남도 매우 아름답게 진행되었습니다. 그러던 어느 날, 둘은 자매의 기숙사에서 데이트를 즐기게 되었습니다. 남학생 출입이 자유로운 그곳 대학 기숙사 사정상, 자매는 아무 거리낌 없이 형제를 자신의 방에 초대했던 것입니다. 아무도 없는 공간이라 둘은 자연스레 스킨십을 나누기 시작했는데, 그것이 곧 애무로 이어졌고, 마침내 형제는 자매에게 성관계를 요구합니다.

"우리는 크리스천인데 이러면 안 돼."

그렇게 거절하는 자매를 향해 형제는 간절하게 애원합니다.

"나도 알아. 지금까지는 그래서 참고 또 참았는데 이제는 도저히 견딜 수가 없어. 딱 한 번만. 한 번도 안 돼? 딱 한 번만이야."

솔직하게 사정하는 형제의 모습에 자매는 몇 번 거절하다가 마침내 비장한 마음을 먹습니다.

'그래, 이렇게 사랑하는 사람이 애원하는데, 그거 못 들어주겠어? 사랑하는데, 사랑하니까, 또 딱 한 번이라니까…'

자매는 사랑하는 사람의 마음을 얻고 싶었습니다. 그래서 둘은 관계를 가졌습니다. 일반적으로 여자의 방에 들어간 청춘 남녀는 관계를 가질 가능성이 높습니다. 여자들이 자신의 방이라 옷을 허술하게 입고, 경계심도 없어집니다. 무얼 줍기 위해 몸을 숙이면 앞가슴이 보이기도 합니다. 남자들은 그런 모습을 보는 순간, 성적인 충동에 사로잡히고 맙니다. 그 형제도 자매의 방에 들어가는 순간부터 성적 충동에 휩싸였을 것입니다. 그래서 자매를 끊임없이 유혹했을 테고, 자매는 그 유혹에 이기지 못해 허락하고 만 것입니다.

이렇게 시작된 관계는 계속 이어졌습니다. 다음날이 되자 남자는 여자의 기숙사에 또 찾아와 성관계를 요구합니다.

"딱 한 번만이라고 했잖아?"

"그래. 하루에 딱 한 번!"

남자는 이제 뻔뻔스럽게 농담까지 하며 여자에게 접근합니다. 죄는 한 번 짓기가 어렵지, 두 번, 세 번 반복하는 것은 어렵지 않습니다. 이미 엎질

러진 물이라는 안일한 생각에 또 다시 죄를 용납하고 맙니다.

데이트가 이렇게 진행되면서 자매는 날마다 죄책감에 휩싸입니다. 주일 마다 남자 친구와 함께 주일학교 교사로 봉사하는 자기 자신이 너무도 가증스럽게 느껴졌다고 합니다. 그러던 중 내가 인도하는 수련회에 참석했고, 괴로움에 못 이겨 상담을 요청한 것입니다. 자매의 사연을 다 들은 내가 자매에게 물었습니다.

"자매가 지금 분명히 죄 짓고 있는 거는 알고 있지?"

"네. 알아요. 그렇지만 이 관계를 끊을 수가 없어요. 그러면 애인이 나를 떠나갈 거예요. 나는 그 사람을 너무 사랑하거든요."

이렇게 말하는 자매의 눈에서 눈물이 주르륵 흘러 내렸습니다. 그 모습을 보는 내 마음도 무척이나 아팠습니다. 그래서 한 가지 더 물었습니다. 자매 스스로 현명한 판단을 할 수 있기를 바라는 마음에서였습니다.

"자매는 하나님을 더 사랑해? 애인을 더 사랑해?"

"나요? 그야…. 하나님을 더 사랑하지요."

다행히도 그 자매는 하나님을 무척이나 사랑하고 있었습니다.

"그래? 그럼 하나님이 원하시는 거 할래, 애인이 원하는 거 할래?"

"……. 하나님이 원하시는 걸 하겠습니다."

나는 무릎을 쳤습니다.

"그래 그럼 됐다. 그럼 이렇게 해라. 이번에 나랑 같이 회개하자. 지금까지 잘못한 거 전부 회개하고 이제는 결혼하기 전까지 성관계를 하지 않겠다고 이 자리에서 하나님께 약속드리자. 그리고 그 남자에게 가서 얘기해라. '이번 수련회에 가서 상담을 받았는데, 내가 하나님과 애인 중에 하나님을 더 사랑한다는 사실을 알았다. 그러니까 당신이 나를 사랑한다면 내가 하나님을 사랑하고 하나님께 약속한 것을 지킬 수 있도록 도와 달라. 나는 당신을 사랑한다. 그래서 지금까지 당신이 원하는 대로 했다. 그러나 지금부터는 결혼하기 전까지 관계를 갖지 않을 것이다. 그것이 하나님이 나에게 바라시는 바임을 알았다. 나는 이미 혼전 관계에 대해 회개했기 때문에 지금부터는 절대 안 된다. 만약 당신이 나를 존중하고 사랑한다면 내가 믿음을 지킬 수 있도록 도와 달라.'"

나의 제안에 자매는 걱정스런 표정을 짓습니다.

"그런 말을 하면 형제가 나를 떠날 거예요."

"정말 그 이유 때문에 자매를 떠나겠다면 떠나게 해라. 그것은 자매를 진심으로 사랑한 게 아니라 자매의 육체를 사랑한 것이다. 형제가 진심으로 자매를 존중하고 사랑한다면, 자매가 그렇게 아파하고 힘들어하도록 내버려 두지 않을 것이다. 또한 하나님을 진정으로 사랑한다면 분명 자매와 같은 결단을 내릴 것이다. 자매의 인생을 하나님께서 축복하시도록 자매는 지금부터라도 하나님 앞에 결단하고 하나님께서 원하시는 길을 걸어 가라. 그러면 하나님께서 가장 좋은 배우자를 허락하실 것이다."

나의 간곡한 권유에 자매도 마침내 동의를 했습니다. 그리고 그 밤에 우리는 하나님 앞에 울며 회개 기도를 드리고 앞으로의 삶을 정결하게 드리겠노라고 고백했습니다.

그렇게 수련회는 끝이 났고, 얼마 뒤 나는 자매에게서 한 통의 편지를 받았습니다. 자매는 상담을 받은 뒤 곧바로 형제에게 성관계를 끊을 것을 제안했는데, 형제는 예상대로 "너는 더 이상 나를 사랑하지 않는구나"라며 자매의 곁을 떠나 버렸다고 했습니다. 자매는 이렇게 편지 내용을 마무리했습니다.

"장로님, 장로님 말씀대로 나는 하나님을 더 사랑하기 때문에 그대로 실행에 옮겼어요. 그런데 사랑하는 이 남자는 제 곁을 떠나 버렸어요. 그래서 저는 지금 마음이 너무 아파 울면서 이 편지를 쓰고 있어요. 그런데 장로님, 제 마음은 아프지만 한편으론 너무도 평안해요. 하나님을 가장 사랑하는 제 마음의 진실을 표현했기 때문에 이제는 제 마음이 하나님 앞에 평안해요. 앞으로 하나님께서 제게 가장 좋은 것을 주실 것을 믿기에 마음이 평안해요. 그래도 자꾸 눈물은 나요. 장로님."

자매의 눈물로 얼룩진 편지를 읽어 내려 가는데, 하나님 앞에 정결하게 살아가려는 자매의 예쁜 모습이 그대로 눈앞에 그려졌습니다. 옆에 있다면 껴안아 주고 싶고, 위로해 주고 싶었습니다. 그래서 당장 전화 다이얼을 돌렸습니다.

"네가 보낸 편지 지금 받았다. 얼마나 마음이 아프니? 그러나 지금 네 모습을 하나님께선 너무도 사랑스럽게 보고 계셔. 하나님께서 너무나 기뻐하실 거야. 정말 기특하다."

나의 위로에 자매는 이렇게 답합니다.

"그런데요. 장로님, 기뻐해 주세요."

"왜? 좋은 일 있어?"

"장로님께 편지를 보낸 직후에 애인이 제게 돌아왔어요. 자기가 깊이 생각해 봤는데, 그동안 자신이 하나님 앞에 범죄하며 살았던 사실을 알게 되었대요. 나에게도 깊은 상처와 아픔을 준 게 너무 미안하대요. 다시는 하나님과 제게 그런 죄를 짓지 않겠다며 울며 돌아왔어요. 자기를 받아 달래요.

이제부턴 하나님 앞에서 정말 예쁘게 교제하고 싶대요. 교제하다가 결혼하면 정말 아름다운 부부의 모습으로 살아가고 싶대요."

이 얼마나 멋진 커플입니까? 그 후 둘은 정말 서로를 아끼며 아름답게 교제를 이어 가고 있습니다. 형제는 자매의 그 결단으로 인해 하나님 앞에 더 이상 범죄 하지 않았고, 그로 인해 자매를 더욱 귀히 여겼습니다. 또 자매는 형제가 진심으로 하나님을 사랑하고 결단하는 모습에 더욱 형제를 존경하게 되었습니다.

서로가 진심으로 사랑한다면 성적인 욕구가 아무리 강할지라도 그것을 참아내고 기다릴 수 있는 힘이 생깁니다. 그것이 진실한 사랑의 힘입니다. 사랑하는 상대방을 위해 폭발적인 성적 충동마저 참아낼 수 있을 때에 그 둘은 결혼까지 생각할 수 있습니다. 그래서 결혼은 하나님께서 우리에게 허락하신 가장 큰 축복 가운데 하나입니다.

위에서 예로 든 커플의 경우처럼, 우리가 과거에 어떤 죄를 지었든, 지금 상태가 어떻든 지금부터라도 하나님의 말씀을 따르면 결코 손해될 게 없습니다. 하나님의 영광을 위해 결단을 하면 하나님께선 어떤 식으로든 열매를 맺게 해 주십니다. 하나님께선 우리의 그 작은 결단 하나를 매우 소중하게 보십니다. 하나님께 헌신하려는 마음으로 선교지에 나가려는 결단이 귀중한 만큼, 성적 유혹을 뿌리치려는 결단 또한 귀중합니다. 하나님께서 거하시는 거룩한 성전인 우리 몸을 더욱 정결하게 드리는 일에 힘쓰시는 청년 그리스도인들이 되시기를 바랍니다.

"너희 몸이 그리스도의 지체인 줄을 알지 못하느냐 내가 그리스도의 지체를 가지고 창기의 지체를 만들겠느냐 결코 그럴 수 없느니라 창기와 합하는 자는 저와 한 몸인 줄을 알지 못하느냐 일렀으되 둘이 한 육체가 된다 하셨나니 주와 합하는 자는 한 영이니라 음행을 피하라 사람이 범하는 죄마다 몸 밖에 있거니와 음행하는 자는 자기 몸에게 죄를 범하느니라 너희 몸은 너희가 하나님께로부터 받은 바 너희 가운데 계신 성령의 전인 줄을 알지 못하느냐 너희는 너희의 것이 아니라 값으로 산 것이 되었으니 그런즉 너희 몸으로 하나님께 영광을 돌리라"(고전 6:15-20).

빼앗긴 성,
무너진 성

애무하다가도 임신이 된다?

2부를 시작할 때 말씀드린 것처럼, 섹스는 결코 죄가 아닙니다. 부부 사이의 성은 말할 수 없는 아름다움이요, 축복입니다. 오죽 했으면 성경에서 "이 비밀이 크도다"(엡 5:32)라고 표현했겠습니까? 그 비밀이 크고 놀랍기 때문에 혼전 성관계나 혼외 정사를 엄격하게 금하지 않았을까요.

그러나 이 신비로운 성은 어떤 시기에 어떻게 사용하느냐가 매우 중요합니다. 마치 돈의 사용 원리와 비슷합니다. 아직 어린 초등학생에게 몇 백억, 몇 천 억의 돈이 주어진다고 생각해 보십시오. 그는 더 이상 삶에 대해 성실할 이유가 없습니다. 아직 돈을 관리할 줄 모르는 자이기 때문에 그저 돈이 주는 쾌락에 취해 살거나, 돈 때문에 사기를 당하거나, 돈 때문에 망할 가능성만 남습니다. 그에게 필요한 것은 이 엄청난 돈이 아니라 지식을 쌓고 학문을 연마하여 인생을 성실하게 살아가는 법을 배우는 일입니다. 위기관리 능력을 터득하는 일입니다. 그런데 그는 이미 돈 맛을 알아 버렸습니다. 무언가를 배우며 열심히 살아가는 것보다는 돈 쓰는 재미가 훨씬 좋기 때문에 도무지 배울 생각을 하지 않습니다. 소년기, 청년기라는 아까운 세월을 소모하는 데만 사용할 뿐, 학습하는 데 사용하지 않습니다. 1년, 2년, 10년, 20년의 세월 동안 그는 흥청망청 돈을 쓸 것이고 결국 돈 때문에 망할 것입니다. 인생에 대해 배운 게 없으니 장년이 된 그에게는 어떤 자산도 남아 있지 않습니다. 같이 자란 친구들은 차곡차곡 인생의 기반을 잡아 한창 여유로움을 누리려 하는데 그에게는 빚과 텅 빈 가슴만이 남았습니다.

성도 너무 일찍 사용하거나 과도하게 잘못 사용하면 위와 같은 결과를 초래합니다. 아니, 기다리지 않고 무분별하게 사용한 성은 이보다 더 심각한 부작용과 후유증을 남깁니다.

성을 즐기는 많은 청년들은 이러한 사실에 대해서는 무지합니다. 그에 대한 두려움마저 없는 듯합니다. 내가 잘 조절만 하면 문제없다고 생각합니다. 그러나 일단 성이 주는 즐거움에 빠져 들면 그 누구도 성을 조절할 수 없습니다.

나는 미국 병원에 근무하면서 희한한 임신 사건을 접한 적이 있었습니다. 처녀막이 있는데도 임신한 자매를 보았습니다. 이것은 무엇을 뜻합니까? 정식으로 성교를 하지 않았는데도 임신이 되었다는 뜻입니다. 어떻게 이런 일이 가능합니까?

예쁘고 매력적인 외모를 지닌 그 자매는 나이도 매우 어려 보였습니다. 그래서 사연을 먼저 물었습니다.

"왜 중절 수술을 받으러 왔어요?"

그러자 자매는 울기 시작합니다. 훌쩍이면서 자신의 사연을 털어놓습니다. 알고 봤더니 주일학교 교사까지 하는 신앙 좋은 자매였습니다. 그 애인 역시 주일학교 교사인데, 그렇게 같이 일을 하다가 서로 사귀게 되었다고 했습니다. 어느 날 데이트를 하다가 매우 깊은 애무 단계까지 갔나 봅니다. 서로의 몸을 더듬는 수준에서 더 나아가 옷까지 벗게 되었고, 남자는 성욕을 해결하기 위해 자신의 성기를 여자의 성기 바깥쪽에 댄 채 심한 애무를 했습니다. 정식으로 삽입하진 않았지만 그 역시 굉장한 자극이 되어 남자가 그만 사정을 해 버렸고, 순식간에 남자의 정액이 여자의 몸 안으로 들어가 임신이 되어 버렸습니다. 이 둘이 깊은 애무를 하면서도 정식으로 관계를 갖지 않은 것은 자신들이 아직 결혼할 단계가 아니라는 사실을 너무도 잘 알고 있었기 때문입니다. 다만 성욕을 이기지 못해 그런 식으로 해소하려 했던 게 엄청난 결과를 남기고 만 것입니다.

자매는 울면서 털어놓습니다.

"어떡하면 좋아요? 저는 지금 결혼할 형편도 안 되고 나이도 너무 어려요. 게다가 임신 사실을 부모님이 아시기라도 하면…."

자매는 울면서 계속 고백합니다.

"더 슬픈 것은요, 제가 임신 중절 수술을 하기로 결정한 그날 밤부터 꿈에 아기가 나타나요. 뱃속의 아기가 나타나서 '엄마 살려줘요'라고 애원해요. 이제 저는 어떻게 해야 해요? 저는 절대 아이를 낳을 수가 없어요. 아기를 지워야만 해요. 엉엉."

153

펑펑 우는 자매를 보니 어찌나 마음이 딱한지 속상한 마음을 달랠 길이 없었습니다. 이 자매는 특이하게도 정식 성관계를 갖지 않은 채 임신이 된 사례지만, 이미 그 둘은 섹스를 즐기는 상태였다고 말하지 않을 수 없습니다. 둘은 음욕을 품었고, 성의 쾌락을 맛보고 있었습니다. 그리고 그것이 가져 온 엄청난 결과에 고통 받고 있었습니다.

정당하지 않은 섹스는 이처럼 엄청난 결과를 초래합니다. 콘돔을 사용한 채 섹스를 했지만 콘돔이 찢어지는 바람에 임신이 되는 사례도 많습니다. 또 오늘은 틀림없이 배란일이 아니라고 안심했는데 임신이 되는 경우도 적지 않습니다. 원하지 않는 임신, 그로 인한 고통, 후유증의 예는 이 외에도 얼마든지 있습니다. 당연히 성적으로 문란한 곳에서는 미혼모의 수도 급증합니다. 가장 큰 축복이라 할 수 있는 새 생명의 탄생이 성적 문란으로 인해 저주로 뒤바뀝니다. 결혼을 했는데도 아기가 생기지 않을 때의 초조와 고통이 얼마나 큰 줄 아십니까? 그런 부부에게는 새 생명만 생기면 더 바랄 것이 없을 정도입니다. 그런데 미혼의 처녀, 총각에게 주어진 새 생명은 사랑의 결실이 아니라 실수의 결실로 받아들여지기 때문에 임신 자체가 기쁨이 아닙니다. 평생의 고통거리일 뿐입니다. 이 얼마나 비극입니까?
성이 주는 즐거움은 매우 크지만, 잘못 사용된 성의 뒤안길은 이렇게나 암울하다는 사실도 알아야 합니다. 문란하게 사용한 성의 파괴력은 우리의 상상을 초월한다는 사실을 인정하고, 아름다운 성을 가장 아름답게 사용하는 법을 터득하는 여러분이 되시기 바랍니다.

너도 이제 에이즈에 걸렸다!

「LA타임즈」에 다음과 같은 기사가 나온 적이 있습니다. 어떤 남자가 술집에 앉아 있는데 한 여자가 다가와 술 한 잔 사 달라며 유혹의 손길을 뻗습니다. 남자는 여자의 제안이 싫지 않아 함께 술을 마시다가 호텔까지 가게 됐고 둘은 함께 밤을 보냈습니다. 그때까지만 해도 남자는 '웬 떡인가?' 하는 심정이었습니다. 예쁜 여자가 넝쿨째 굴러 들어와 호텔까지 갔으니 너무도 신이 났을 겁니다. 그런데 아침에 일어나 보니 여자가 없어졌습니다. 쪽지 한 장만 달랑 남긴 채 먼저 호텔을 나간 것입니다. 그 쪽지에는 이런 문구가 적혀 있었습니다.

"너도 이제 에이즈에 걸렸다. 죽을 준비해라."

그 여자는 에이즈 걸린 남자와의 잘못된 성관계 이후 에이즈에 감염되었고, 그로 인한 복수심으로 여러 남자들에게 분풀이를 하고 다녔던 것입니다.

성의 파괴력이 얼마나 큰지를 단적으로 보여 주는 예라 할 수 있습니다. 어떤 사람은 해외출장을 갔다가 딱 한 번 외도를 했는데 그만 에이즈에 걸렸다고 합니다. 그 사람은 자신의 억울함을 이렇게 호소합니다.

"하나님, 이럴 수 있습니까? 딱 한 번, 딱 한 번 잘못을 저질렀는데 어찌 이런 엄청난 결과를 주십니까?"

잘못된 성적 접촉은 그것이 한 번이든 백 번이든 엄청난 파괴력을 불러옵니다. 현대에 접어들어서 사람들의 욕망을 위한 성적 분출력은 엄청나게 거세졌습니다. 도덕불감증, 즉 '사랑'이라는 이름으로 혼전 성관계를 갖는 문제와 '사랑'이란 이름으로 혼외 정사를 벌이는 일이 거의 상식화되어 버렸습니다. "남자라면 외도 한 번쯤 할 수 있고, 아줌마라면 당연히 남편 외에 애인이 따로 있어야 한다"는 이상한 논리가 상식화되었습니다. 성에 대한 어떤 규제나 통제 자체를 구시대적 논리로 치부해 버리는 시대입니다.

그러나 성에 대한 규제는 절대 구시대적 논리가 아닙니다. 그것은 쉽게 말해 교통신호등과 같은 것입니다. 가야 할 때 가고, 멈춰 서야 할 때 멈춰서면 문제없이 쌩쌩 달릴 수 있는 차량입니다. 그러나 신호등을 무시한 채 마음 내키는 대로 달려 보십시오. 급하다고 그냥 달려 버리면 어떻게 됩니까? 대형사고가 끊임없이 이어집니다.

시간이 갈수록 성병의 종류가 많아지고 에이즈도 심각해지는 현상이 이를 잘 보여 주고 있습니다. 그러면 어떤 사람이 성병이나 에이즈에 걸릴 확률이 높겠습니까? 당연히 성적인 질서를 지키지 않는 사람입니다. 너무 어린 나이에 성관계를 시작해서 많은 사람들과 성관계를 맺는 사람일수록 성병에 잘 걸립니다. 제가 의예과를 다닐 때만 해도 성병의 종류는 10가지가 채 안 되었습니다. 그러나 지금은 40종류가 넘습니다. 특히 요즘 새로 생긴 성병의 파괴력은 얼마나 큰지 2-30대 젊은 사람들을 중풍이나 심장마비에 걸려 죽음으로 몰고 가기도 합니다. 단지 환부에만 문제를 일으키지 않고, 균이 혈액 속까지 타고 들어가 심각한 질병을 일으키는 성병도 있습니다.

이런 성병의 위험성은 남자들도 그렇지만 여자들에게 특히 위험합니다. 여자들의 성기는 돌출되어 있지 않고 숨어 있는데다가 습기가 많은 까닭에 일단 성병에 노출되면 치료하기가 더 까다롭습니다. 물론 남자든 여자든 성병에 걸리면 성기 부분이 폭탄 맞은 듯 심각하게 손상된다는 사실을 알아야 합니다.

마취과 의사인 나는 병원에서 심각한 성병에 걸린 환자들을 자주 봅니다. 그런 환자를 치료할 때면 의사나 간호사들은 자신을 보호하기 위해 이중 마스크를 쓰고 장갑도 두 개씩 착용합니다. 심각한 성병에 걸린 사람일수록 에이즈에 노출되어 있을 가능성이 높은 까닭에 의사들도 극히 주의를 하는 것입니다.

사태가 이러한데도 유럽 지역을 돌아다녀 보면 얼마나 성적으로 개방되어 있는지 모릅니다. 우리나라 유학생들은 물론, 크리스천 청년들조차 이런 문화에 젖어서 성 개념 자체가 너무도 문란합니다. 동거 문화가 일반화되어 있고, 용돈을 타내기 위해 원조 교제를 하는 청소년들도 적지 않습니다.

성의 파괴력은 이렇게 무섭습니다. 사탄은 이렇게 무서운 성적 파괴력을 이용해 오늘날 우리 젊은이들을 쓰러뜨립니다. 무분별한 성적 관계를 갖도록 유도하고, 관계 이후에는 죄책감을 심어 줌으로써 교회를 떠나도록 유도합니다. 행복한 가정을 파괴함으로써 하나님께서 그 가정을 통해 이루시고자 하는 바를 방해합니다. 무엇을 통해서? 성을 통해서입니다. 사탄은 우리의 성적 무지와 성적 무분별함을 적극 이용합니다. 그래서 우리는 성을 알아야 하고, 분별력을 키워야 합니다.

내가 여기서 성의 부정적인 측면들을 짧게나마 소개하는 것은 여러분들에게 겁을 주기 위함이 아닙니다. 성에 대한 부정적인 인식을 심어 주려는 것도 아닙니다. 거듭 말씀드리지만 성은 아름답고 좋은 것입니다. 그러나 그 아름다운 성이 한순간의 잘못된 판단으로 더럽혀지면 우리의 인생이 얼마나 얼룩질 수 있는지를 알려 주고 싶을 뿐입니다. 우리 청년들의 인생이 부디 얼룩지지 않고, 아름답고 풍요로워지기를 바라는 마음 간절합니다.

마약 중독보다 무서운 자위행위 중독

무너진 성의 여러 예 중 한 가지만 더 소개하자면 '자위행위 중독'을 들 수 있습니다. 오늘날, 자위행위에 대한 정확한 분별력은 이미 찾아보기 어렵습니다. 교회 안에서조차 남자 청소년들의 성적 충동을 통제하기 위해 은연중 자위행위를 방치합니다. 중고등학교에서는 아예 자위행위를 해서 성적 욕망을 조절하도록 가르치기도 합니다. 그렇다면 그리스도인들은 자위행위에 대해 어떤 태도를 취해야 할까요? 자위행위를 하는 것이 옳을까요? 그를까요?

언젠가 이런 상담을 해 준 적이 있습니다.

상담을 위해 나를 찾아 온 그 자매는 박사 학위를 받기 위해 공부하던 중 남자 친구를 사귀었다고 합니다. 그들 역시 교제가 깊어지면서 스킨십을 나누었고, 그러던 어느 날 자매는 처음으로 남자의 손길을 통해 오르가즘이란 걸 느꼈다고 했습니다. 정식 성교는 아니었지만 여자는 남녀 사이의 깊은 애무만으로도 성적인 황홀감을 맛볼 수 있습니다. 그런데 많은 여성들이 그 신체의 비밀을 모른 채 함부로 방치하다가 자신도 모르는 사이에 성적 황홀경에 빠져 버립니다. 여성의 성기 중 '클리토리스'라는 부분이 바로 그 비밀의 열쇠입니다. 이 자매는 애인이 자신의 클리토리스를 만지도록 방치했다가 오르가즘을 체험했고, 한번 맛본 성적 황홀감을 다시 체험하기 위해 자위행위를 시작했습니다.

여자들의 신체 구조에서 가장 예민한 부분이 바로 '클리토리스'라는 음핵 부분입니다. 소음순과 소음순이 만나는 윗부분에 위치한 이것은 단위 면적당 가장 많은 신경과 혈관이 분포되어 있을 정도로 매우 예민한 부분입니다. 매우 예민하기 때문에 세게 누르거나 만지면 아프고, 섬세하게 만져 주면 굉장한 성적 흥분을 불러일으킵니다. 상담을 해 보면 대부분의 자매들은 그런 게 있다는 사실조차 까맣게 몰랐습니다. 그저 처녀막만 중요하다고 생각할 뿐, 성적 교감에서 가장 중요한 부분이 이 '클리토리스'라는 사실은 알지 못합니다. 또 가장 중요한 부분인 만큼 이 클리토리스를 함부로 만지지 못하게 해야 한다는 사실을 아는 여성들도 많지 않습니다.

클리토리스는 발생학적으로 보면 남성의 음경과 똑같은 부분입니다. 남자들이 포경수술을 하면 표피 안 끝 부분에 말랑말랑한 귀두가 보이는데, 그곳이 바로 여성의 클리토리스에 해당하는 부분입니다. 이 부분은 남성도 여성과 마찬가지로 매우 예민해하므로 함부로 다루어서는 안 됩니다.

재미있는 것은 엄마 뱃속에 있는 태아의 경우, 3개월이 되기 전까지는 남아든 여아든 똑같은 모양의 '제니탈폴드'라는 성기 원형을 갖고 있다는 사실입니다. 그러다가 XY염색체를 지닌 남아는 제니탈폴드가 밖으로 돌출되어 음경을 갖게 되고, XX염색체를 지닌 여아는 쏘옥 줄어들어 여자의 음핵을 갖게 됩니다.

제게 상담을 요청했던 자매는 자위행위를 자주 하면서도 자신의 몸 안

159

에 클리토리스가 존재한다는 사실을 모르고 있었습니다. 당연히 애인의 애무를 통해 왜 오르가즘을 경험했는지도 몰랐습니다. 성에 대해선 전혀 무지하고 순진했던 이 자매가 어느 날 경험한 한 번의 오르가즘 때문에 심각한 자위행위 중독에 빠져 버렸던 것입니다. 그럴 수밖에 없습니다. 미혼 남녀에게 최고의 자극거리가 섹스 문제인데, 이미 이 자매는 오르가즘까지 경험했으니 혼자 있을 때마다 성적 상상력에 젖어 들기 마련입니다. 그래서 나는 이 자매를 다그치지 않았습니다.

"그럴 수 있다. 성적 충동은 그만큼 강력한 거라 한 번 경험을 해 버리면 헤어나기가 쉽지 않다. 그리고 자매만 그런 게 아니라 많은 여성들이 같은 고민을 하고 있다."

나의 답변에 자매의 얼굴이 환해졌습니다.

"저만 그런 게 아니라고요?"

자매는 지금껏 자신만큼 불결하고 음란한 사람은 없다고 생각해 왔기에 내가 자연스런 반응을 보이자 깜짝 놀랐습니다.

"그럼. 사람에겐 그런 성적인 유혹이 언제나 찾아오기 마련이야. 그리고 그 유혹 앞에 넘어지는 게 바로 인간이다. 그러나 자매도 알다시피 자위행위를 자꾸 하다 보면 사탄의 참소에 걸려들 수 있어. 그것이 죄책감을 심어 주면서 하나님 앞에 서는 일을 두려워하게 만들거든."

나의 말에 자매는 훌쩍거리기 시작합니다. 그동안 죄 짐에 눌려 지냈던 영적 전쟁의 상황들, 기도를 하고, 예배를 드려도 마음이 늘 편치 않았던 일들을 털어놓습니다.

"성욕이란 것은 본래 좋은 것이다. 사람에게 성적인 욕망이 있는 것은 죄가 아니라 하나님께서 주신 은혜다. 이 즐거움을 누리는 것은 참으로 좋은 것이다. 그러나…"

자매는 열심히 내 말을 경청했습니다.

"성욕은 부부관계에서만 사용할 때 진정 즐겁다. 따라서 자매가 그렇게 자위행위를 하는 것은 옳지 않단다. 사실 젊은이들이 자위행위를 하는 것은 얼마든지 있을 수 있다. 이해하려면 얼마든지 이해할 수도 있다. 심지어 이미 80퍼센트 이상의 젊은이들이 자위행위를 한다는 점을 들어 굳이 괴로워하지 않는 사람도 많다."

자매는 눈이 휘둥그레졌습니다.

"그렇게나 많이 자위행위를 한다고요?"

"그럼! 여자들도 얼마나 많이 자위행위를 하는지 모른다."

이때부터 나는 자위행위가 왜 죄가 되는지를 깊이 이해하고 받아들일 수 있도록 차근차근 설명해 주었습니다. 자매도 내 말에 수긍이 가는지 연신 고개를 끄덕거렸습니다.

1. 정말 혼자 하나?

자위행위를 할 때 아무 생각 없이 그냥 하는 사람은 아무도 없습니다. 누구든 이성을 열렬하게 품은 채 합니다. 남자는 여자를, 여자는 남자의 얼굴을 그립니다. 실제로 상대방의 몸을 품은 것은 아니지만, 마음으로는 상대방을 뜨겁게 품습니다. 음욕을 품은 채 상대방의 얼굴을 그립니다. 그런데 바로 이것이 예수님께서 지적하신 '간음죄'입니다.

> "나는 너희에게 이르노니 여자를 보고 음욕을 품는 자마다 마음
> 에 이미 간음하였느니라"(마 5:28).

자위행위를 하는 그 순간에 이미 마음 안에 음욕이 가득하다는 것은 마음의 순결을 잃었다는 뜻입니다. 순결의 기준은 이것입니다. 음욕이 가득하여 마음으로 이미 수차례 간음한 남자가 여자와 한 번도 정식으로 관계를 갖지 않았다고 해서 스스로 순결하다고 말할 수 없습니다. 자신은 그렇게 음란하면서 과거가 있는 여자를 향해 불결하다고 손가락질할 자격도 없습니다. 그래서 우리 모두는 십자가 앞에 죄인이라는 사실을 알아야 합니다. 또 자위행위는 무엇보다 중독성이 강하다는 점에서 처음부터 피해야 합니다. 한 번 시작하면 샤워할 때마다 생각납니다. 특히 남자들은 자신의 몸을 씻는 동안 아무 생각 없이 씻고만 나오기가 힘이 듭니다. 마찬가지로 여자들은 홀로 있을 때 성적 상상력을 피하기가 어렵습니다. 한 번 경험한 자위행위의 쾌감을 쉽게 떨쳐 내기 어렵습니다.

나는 상담을 요청한 자매에게 이런 사실들을 설명하면서 자위행위 중독을 끊기 위해 성적 에너지를 다른 곳에 쓸 것을 권유했습니다. 젊은이라면 굉장한 성적 에너지가 있기 마련입니다. 그것은 좋은 일입니다. 결혼해서 성적인 즐거움을 누릴 수 있다는 표시입니다. 그러나 그 에너지들을 미리 음성적으로 소모하기 시작하면 계속해서 자극적인 성만을 좇아가는 인생이 되고 맙니다. 젊은 날의 성적 에너지는 폭발적인 것이지만, 한편으로는

얼마든지 절제할 수 있다는 사실을 잊지 말아야 합니다. 그 폭발적인 에너지를 건강하게 발산하고 활용해 보십시오. 그러면 청년의 시기를 보람 있게 보낼 수 있을 뿐 아니라 미래의 가정 안에서 성의 즐거움을 더욱 풍성하게 누릴 수 있습니다.

주변을 둘러보면 젊은이의 에너지를 필요로 하는 곳이 정말 많습니다. 건강을 위해 운동을 한다든가, 피아노 연습에 몰입하는 것도 좋습니다. 장애인을 섬긴다든가 교회의 연약한 지체들을 세우고 돌보는 일에 헌신하는 것은 더욱 아름답습니다. 이와 함께 말씀을 묵상하는 일을 습관화하면서 주님을 찬양하는 기쁨에 젖어 보십시오. 비전을 발견할 뿐 아니라 현재의 삶이 놀랍게 변화되기 시작합니다. 잠들 시간이 되면 너무 고단해서 쓰러질 정도로 열정적으로 살아 보십시오. 음란한 생각이 들어올 틈이 없습니다. 결과적으로 현재 인생이 건강해지고 미래의 모습이 멋지게 펼쳐집니다.

이와 반대로 산다고 가정해 봅시다. 시간이 남으면 으레 성적인 상상력에 빠져 듭니다. 인터넷에 몰입하면서 섹스 사이트에도 접속합니다. 곧 영혼이 병들기 시작합니다. 스스로를 죄인이라고 정죄하는 사탄의 참소에 걸려듭니다. 영혼이 병들면 차츰 몸도 병들기 시작합니다. 날이 갈수록 차원 높은 가치에 대해 고민하는 게 아니라 머릿속이 온통 성적 상상력만으로 가득합니다.

청년 여러분, 이렇게 살고 싶습니까? 혹 이미

이렇게 살고 있습니까? 주님께 의지하십시오. 주님께 의지하면 벗어날 수 있습니다. 신기하게도 주님께 미친 영혼은 성인 사이트에 접속하는 것조차 점점 싫어집니다. 누가 뭐라 한 것도 아닌데 그 스스로가 자신을 관리하기 시작합니다. 아니 사실은 스스로 관리하는 게 아니라 주님께서 컨트롤을 시작하십니다. 어떨 때입니까? 주님께 미칠 때입니다.

말을 마치자 자매는 엉엉 울고 있었습니다. 한참 뒤에 울음을 그치고는 결심한 듯 말을 이었습니다.

"장로님께서 권유하신 대로 하겠습니다. 나의 에너지들을 잘못된 방향으로 쓰지 않도록 해 보겠습니다. 장로님께서도 저를 위해 기도해 주세요."

자매가 이런 정결한 결단을 하자, 나는 다시 한 번 간곡하게 얘기했습니다.

"이런 결단을 했으니, 이제 앞으로는 절대 사탄의 참소에 걸려 넘어지면 안 돼. 사탄은 언제나 주님의 십자가를 믿는 자녀들을 쓰러뜨리려고 공격해. 자매에게도 '나쁜 놈, 더러운 놈, 이중인격자'라고 공격할 거야. 그러면 그때마다 담대하게 기도해. '사탄아 물러가라. 나는 하나님께서 택하셔서 구원해 주신 하나님의 딸이다. 내가 비록 부족하지만 주님의 십자가 앞에 이미 용서받은 몸이다. 나사렛 예수 이름으로 명하노니 사탄아 물러가라!' 이렇게 기도 드리고 자유 하도록 해. 주님께서 십자가를 지신 것이 우리에게 바로 그 참 자유를 주기 위함임을 잊지 말아야 해."

"진리를 알지니 진리가 너희를 자유케 하리라"(요 8:32).

우리는 이야기를 나누느라 밤이 새는 줄 몰랐다. 어느새 새벽빛이 어슴푸레 비쳐 들었고, 자매의 얼굴도 새벽빛처럼 환하게 동이 트고 있었습니다.

죄에는 후유증이 따른다

자위행위는 사람이 가진 본능적 행동이기도 합니다. 성적인 쾌감이 따르기 때문에 어린아이들조차 자신의 성기를 만지작거리는 습관을 쉬 버리지 못합니다. 유치원에도 안 들어간 남자아이가 자신의 음경을 만지작거려서 혼을 내면 다른 데 가서 몰래 또 만지작거립니다. 여자아이도 마찬가지입니다. 3-4세 된 여아 중에 책상 모서리 같은 데에 자신의 사타구니를 대고 부비는 사례가 꽤 됩니다. 물론 이 아이들에게는 그것이 성적인 쾌감인지에 대한 분별조차 없습니다. 그러므로 지나치게 예민한 반응을 보일 필요는 없습니다. 단지 가려울 때 긁어 주면 시원한 쾌감을 느끼듯이, 이 아이들은 그런 느낌으로 하는 행동이므로 애써 죄책감을 심어 주거나 그런 시선으로 바라볼 필요가 없습니다.

그러나 이 아이들이 사춘기에 접어들어 성에 대해 알게 되고, 본격적으로 음욕을 품으면 사탄이 곧 그 마음에 침범합니다. 성적인 자극거리들을 동원시키면서 누군가와 관계를 갖는 상상력 속에서 자위행위를 하도록 만듭니다. 성적 황홀경을 가르쳐 주면서 점점 더 음성적인 성적 접촉을 갖게 만듭니다. 사정이 이렇게 되면 우리의 아이들은 결과적으로 하나님의 성전을 더럽히는 죄를 범하게 됩니다. 우리의 몸은 곧 하나님께서 거하시는 거룩한 성전이기 때문입니다.

"너희가 하나님의 성전인 것과 하나님의 성령이 너희 안에 거하시는 것을 알지 못하느뇨 누구든지 하나님의 성전을 더럽히면 하나님이 그 사람을 멸하시리라 하나님의 성전은 거룩하니 너희도 그러하니라"(고전 3:16-17).

그래서 자위행위는 아예 시작하지 않는 게 좋습니다. 이미 이런 습관에 젖어 있다면 성적인 에너지를 다른 곳에 쓸 수 있도록 기도하면서 습관을 끊어야 합니다. 앞서 말씀드린 대로 자위행위는 심각할 정도로 중독성이 있기 때문입니다. 실제로 어떤 청년의 경우, 하루에 15번씩이나 자위행위를 할 정도로 이미 심각한 중독증에 빠져 버린 사례가 있습니다. 이 청년은 자위행위를 한 지 몇 시간만 지나도 다시 배설 욕구를 느끼는 심각한 증세를 보였습니다. 조금만 성적 자극을 받아도 빨리 배설을 해 버려야 편안해질 것 같은 중독현상은 그 청년에게 정상적인 생활까지 어렵도록 만들었습니다.

뿐만 아니라 습관적인 자위행위는 결혼 후의 부부관계까지 어렵게 만듭니다. 배우자와 직접 성관계를 갖는 게 재미없어집니다. 특히 여자들은 남편이 자신의 의도대로 애무해 주지 않으면 성적 만족감을 느끼지 못하면서도 그런 아쉬움을 제대로 표현할 길을 못 찾습니다. 그럴 경우, 성에 대해 솔직한 표현을 하는 것은 여자로서 수치라고 여기기 때문에 스스로 해결하려 합니다. 남편과의 관계보다는 자위행위를 했을 때가 더 황홀했기에 다시 그 습관 속에 빠져들기 쉽습니다. 남편 또한 마찬가지입니다. 온갖 자극적인 성인사이트를 들여다보며 자위행위에 중독되어 있던 남자는 결혼 후 정식으로 갖게 된 아내와의 잠자리가 시시하게 느껴질 수 있습니다.

이렇게 죄에는 분명한 후유증이 따릅니다. 결혼 전의 문란한 성생활이 결혼 후까지 안 좋은 영향을 미치는 것이지요. 이 사실 앞에서 우리는 지금부터라도 정결한 결단을 해야 합니다. 자기 자신을 아끼고 사랑하는 마음으로 자신의 성도 아껴 줘야 합니다. 가치 있게 관리해 줘야 합니다. 그것이 훗날의 부부관계를 축복으로 이끄는 비결입니다. 혹 지금까지 성을 너무 함부로 사용했다면 어렵더라도 지금 결단하십시오. 다시 축복의 통로를 밟으시기 바랍니다. 그런 사람이야말로 가장 지혜로운 사람입니다.

사랑방 통신

1 스킨십만 하지 않으면 거룩할까요?
2 아무리 건실한 청년도 결단만으로는 성욕을 다스릴 수 없습니다.
3 상대가 성욕을 느낀다면 가벼운 포옹도 이미 위험 수위입니다.
4 결혼 밖에서 사용되는 성은 모두 범죄입니다.
5 죄에는 반드시 후유증이 따릅니다.

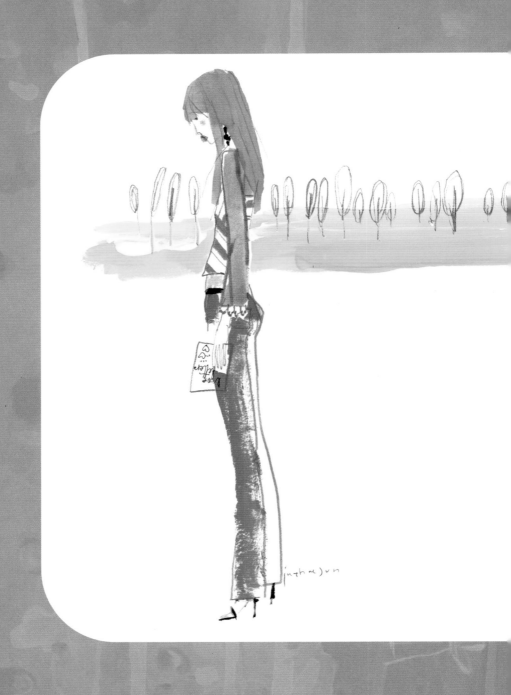

상처···사랑에 폐인되다

pain

사랑이 너무해

앞에서 심각한 내용들을 읽느라 마음이 어두워진 독자가 있다면 다시 마음을 밝게 가지시기 바랍니다. 무엇이든 부작용과 후유증은 있기 마련입니다. 그것을 미리 알고 대처하면 피해를 최소화할 수 있다는 점에서 자세하게 언급했을 뿐, 성 자체, 이성간의 만남 자체가 어둡고 칙칙한 것은 아님을 잊지 마시기 바랍니다. 붕괴된 건물이 더러 생기긴 하지만 모든 건설 현장이 다 붕괴되는 것은 아닙니다. 붕괴가 두려워 아예 집을 짓지 않는다면 그것만큼 어리석은 일도 없습니다. 우리는 붕괴되지 않을 집, 가장 멋진 집을 지으면 됩니다. 두렵고 떨리는 마음으로, 즐겁고 감사하는 마음으로 지으면 됩니다. 믿음의 반석 위에서 예수님과 함께 지으면 두려울 것이 없습니다.

다시는 사랑하지 않으리

인생에서 남자대 여자로 만나 사랑하고 결혼해서 아름다운 가정을 이루는 일만큼 멋진 일이 없습니다. 남녀 간의 좋은 결합은 위대한 일을 해낼 만한 에너지를 양성합니다. 성경에서는 그 결합을 다음처럼 표현합니다.

> "두 사람이 함께 누우면 따뜻하거니와 한 사람이면 어찌 따뜻하랴 한 사람이면 패하겠거니와 두 사람이면 능히 당하나니 삼겹줄은 쉽게 끊어지지 아니하느니라"(전 4:11-12).

두 사람이 한 사람보다 나으며(9절), 세 사람이면 더욱 좋다고 분명하게 결론짓습니다(12절). 부부끼리의 만남도 매우 좋지만 자녀까지 생산하여 가정을 이루면 더욱 좋다는 뜻입니다. 나는 이런 사실을 어느 목사님을 통해 확인할 수 있었습니다. 그 목사님은 목회 사역을 매우 잘 감당하시는 분이셨는데 어느 날 그 비결을 이렇게 말씀해 주셨습니다.

"장로님, 저는 지금까지 받은 축복 중에 결혼의 축복이 가장 컸습니다. 지금까지 목회하면서 목회를 그만둬야 할 정도의 위기를 맞은 적도 있었지만 그때마다 나는 아내의 기도 덕분에 다시 살아나곤 했습니다. 너무나 절박한 순간에도 변함없는 아내의 기도와 격려가 나를 다시 일어설 수 있도록 해 주었습니다. 아이들도 마찬가지입니다. 사역하면서 애들을 돌봐야 한다는 부담도 있었지만 그것은 나를 성실하고 정직하게 살아가도록 만드는 거룩한 부담이었지, 결코 짐이 아니었습니다. 아이들이 아빠를 위해 고사리 같은 손을 모아 기도해 줄 때는 나를 위로하시는 하나님의 사랑을 분명히 느낄 수 있었습니다. 물론 아이들이 커 가면서 고통을 주기도 했지만, 바로 그 고통 때문에 교만하지 않을 수 있었고, 기도의 끈도 더 붙잡을 수 있었습니다. 또 기도함으로 매달리면 하나님께서 반드시 응답해 주신다는 사실도 아이들의 양육 과정에서 확실하게 체험했습니다. 만약 제가 혼자 살았다면 그 수많은 어려움들을 결코 이겨 낼 수 없었을 테고, 인생에 대한 눈도 이만큼 깊어지지 못했을 겁니다. 주님 안에 선 가정이야말로 내게서 나오는 무한한 에너지를 양성하는 곳입니다."

목사님의 이 고백을 읽으면서 어떤 생각이 드십니까? 여러분도 이런 가정을 꾸려서 하나님의 영광을 나타내고 싶다는 소망이 생깁니까? 그렇다면 기도하십시오. 멋지고 아름다운 가정을 소망하십시오. 하나님께서 그 소망대로 여러분의 걸음을 인도하실 것입니다.

혹시 이런 고백을 보면 마음이 아프십니까? 이제 가정에 대한 소망은커녕 이성과의 만남 자체가 회의적입니까? 누군가를 만나고 싶다는 생각도, 가정을 꾸리고 싶다는 소망도 버린 지 오래입니까? 다시는 사랑 같은 거 하지 않겠다고 결단하셨습니까? 그렇다면 내 마음의 고통이 무엇인지, 무엇이 결혼에 대한 소망을 앗아갔는지 들여다보십시오. 그리고 주님께 상처를 아뢰십시오. 우리 주님께서는 그 속살에 새겨진 상처들까지 꿰매시고 녹여 주십니다.

사랑을 믿지 말고 그분을 믿으라

사교적이었던 청년들 중에도 한 번의 이성교제에 실패한 후, 사람에 대한 깊은 불신에 빠진 경우가 종종 있습니다.

"이젠 남자를 못 믿겠어. 남자 따위에게 절대 마음 주지 않을 거야."

"사랑? 다시는 사랑 같은 거 생각하고 싶지 않아. 사랑하면 뭐든지 문제될게 없다고 생각했었지, 하지만 이젠 사랑도, 여자도 절대 믿지 않을 거야."

이렇게 고백하는 이유가 무엇입니까? 누군가를 너무도 사랑했었다는 증거입니다. 사랑이라는 것에 목숨을 걸어 봤다는 뜻입니다. 좋습니다. 젊은 시절에 누군가를 목숨 걸 만큼 사랑해 봤다는 것은 생각하기에 따라 좋은 경험일 수 있습니다.

그러나 우리는 알아야 합니다. 사랑은 아름답고 귀한 것이지만 인간이 갖는 감정적 사랑은 결코 믿을 만한 것이 아니라는 사실입니다. 사랑은 절대로 믿음의 대상일 수 없습니다. 그러므로 맹신해선 안 됩니다. 사실 "사랑하기 때문에 뭐든지 할 수 있다"는 '사랑 지상주의' 만큼 위험한 것도 없습니다. 생각해 보십시오. 연애할 때는 '사랑하기 때문에' 백년해로를 약속하며 결혼했던 부부가 결혼 후에는 또 다른 사람을 '사랑하기 때문에' 이혼도 감수합니다. 아내 아닌 다른 여자를 '사랑하기 때문에' 사랑하는 자녀들을 버리기도 합니다. 그것이 인간이 갖는 사랑의 한계입니다.

인간이 얼마나 감정적 사랑에 속고 속이는 존재인지 아십니까? 연애할 때는 상대방이 너무 좋아서 온갖 달콤한 말을 속삭입니다. "사랑하는 당신과 함께라면 사막이라도 함께 건너겠다"며 뜨겁게 약속했던 사람이 결혼 후 한쪽이 어려운 지경에 놓이면 곧 돌변하고 맙니다. 예컨대 남편이 실업자가 되었거나 아내가 병들어 누워 있을 때, 즉 사막을 건너는 것처럼 목이 타는 상황에 접어들 때 변함없는 사랑으로 상대방을 위로하고 격려해 주는 사람은 드뭅니다. '지금이야말로 내 사랑을 이 사람에게 보여 줄 때다' 라고 생각하기는커녕, 대부분은 자신의 처지를 한탄합니다. '왜 내가 저런 사람과 결혼했을까? 왜 내 팔자가 이리 꼬였을까? 누구는 신랑 잘 만나서 떵떵거리고 사는데 난 왜 이 모양일까?

이처럼, '사랑하니까 아무것도 문제 될 게 없다' 는 감정으로 결혼했던 사람들은 결혼 후 어려운 상황 속에서 좌절감의 감정을 겪으면 '처음부터 둘의 만남이 잘못되었다' 는 결론을 내리고 맙니다. 격정적 사랑의 감정으로 시작했다가 격정적 미움의 감정으로 끝을 맺는 경우입니다. 그래서 인간의 사랑은 믿을 만한 것이 못 됩니다. 인간적인 사랑은 변화무쌍한 감정에 뿌리를 두고 있기 때문입니다.

그렇다면 우리는 사랑하지 말아야 할까요? 남자와 여자로 만나 뜨겁게 사랑하는 것은 아무 의미가 없는 것일까요?

결코 그렇지 않습니다. 문제는 감정에 뿌리를 내린 사랑이냐, 믿음에 뿌리 내린 사랑이냐는 것입니다. 믿음에 뿌리를 내린 사랑만큼 아름다운 것은 없습니다. 그런 사랑은 내가 사랑하는 상대방이 나의 소유가 아니라 하나님께서 그분의 뜻 가운데 선물로 허락하신 동행의 존재라는 사실을 전제하고 있습니다. 따라서 내 맘대로 함부로 대해선 안 된다는 사실을 알고 있습니다. 당연히 함부로 구속하려 하거나 함부로 폭력을 휘두르지 않습니다. 그(녀)는 내 배우자이기 이전에 하나님의 자녀이기 때문입니다. 하나님께서 허락하신 가장 좋은 선물이기에 그(녀)가 겪는 어려움에는 뜻이 있다고 받아들입니다. 상대의 고난을 함께 헤쳐 나가야 할 문제라고 생각합니다. 이미 하나님 안에서 그(녀)와 나는 하나이기에 그(녀)가 겪는 어려움은 곧 나의 어려움이기도 함을 잊지 않습니다.

또한 둘의 만남은 새로운 사명을 이루게 하시려는 하나님의 계획 가운데 이루어진 일임을 알고 있으므로 서로에 대한 섬김의 태도도 다릅니다. 대부분의 사람들이 사랑하는 사람이 생기면 그 사람이 나에게 얼마만큼 잘해 주느냐의 문제를 놓고 잔머리를 굴립니다. '어떻게 하면 저 사람이 나에게 더 잘하게 할 수 있지?' 하고 말입니다. 그러나 믿음에 뿌리를 내린 사랑은 상대방이 하나님께로부터 받은 사명을 완수할 수 있도록 힘껏 돕겠다는 마음부터 듭니다. 서로 간에 '어떻게 하면 더 사랑 받을까?'를 고민하는 것이 아니라 '어떻게 저 사람을 더 잘 섬길 수 있을까?'를 고민하게 합니다. 그래서 좋은 결합은 위대한 사명을 완수해 냅니다.

더 나아가 상대방을 슈퍼맨이나 슈퍼우먼으로 보지 않습니다. 능력 있게 살아간다면 더할 나위 없이 좋겠지만, 우리는 인간이기에 얼마든지 연약한 존재임을 인정합니다. 서로를 위하고 섬기되, 결코 서로가 의지할 대상이 아님을 겸손하게 인정합니다. 함께 하나님을 바라보며 서로를 위해 기도하되, '왜 당신이 하나님처럼 내 마음의 모든 외로움을 채워 주지 않느냐?'고 원망하지 않습니다. 그래서 믿음이 깊은 부부는 어려운 일을 만났을 때 더 깊이 사랑할 수 있습니다. 함께 하나님께만 매달리기 때문에 둘의 포옹은 더 뜨거울 수밖에 없습니다. '저 사람이 비록 이런 결점은 있을지라도 하나님께서 내게 허락하신 최고의 배우자'라는 믿음이 상대방을 더욱 귀하게 느끼게 합니다.

그래서 믿음이 먼저입니다. 그리스도인 남녀의 사랑은 반드시 그 믿음 위에 뿌리 내려야 합니다. 여러분 중에 혹시 사랑은 믿을 게 못 된다고 생각하는 분이 계십니까? 사랑 같은 거, 이젠 절대로 안 믿겠다고 생각하는 분이 계십니까? 주님의 사랑 안에 들어가 보십시오. 참사랑이 보입니다. 그 사랑 안에서 사람을 바라보십시오. 믿음 안에 들어가서 사람을 보면 내가 만나는 사람이 얼마나 귀한지, 내가 사랑하는 그 사람이 얼마나 사랑스러운지 새롭게 보이실 겁니다. 그런 사랑은 믿을 만합니다. 그 뿌리가 하나님께 닿아 있기 때문입니다.

내가 어디가 부족해서!

의외로 거절감의 상처를 안고 있는 청년들이 많습니다. 데이트 신청을 했는데 상대가 받아 주지 않았거나, 몇 번 만났는데 더 이상 만남이 지속되지 않을 때 많은 청년들은 거절한 상대방을 추궁하면서 괴로워합니다. 특히 한 공동체 안에서 이런 일이 일어날 경우, 서로 말도 안 할 뿐더러 마주칠 때마다 찬바람이 "쌩" 하고 지나갑니다. 사랑의 반대는 무관심이라지만 많은 경우, 좋아했던 사람에게서 거절당하면 미움의 감정을 품게 됩니다. 무엇보다 자존심이 상해 견딜 수 없습니다. 거절당했다는 사실이 못 견디게 괴롭습니다.

그러나 진정한 승자는 마음의 여유를 가진 사람입니다. "내가 어디가 부족해서 나를 거절해? 뭐야? 문제가 뭐야?"라며 따지는 태도는 서로간의 관계를 파괴할 뿐, 관계를 호전시키는 데 아무런 도움이 되지 않습니다. 오히려 마음의 상처와 아픔이 크다 해도 그 모든 사실을 수용하면서 일상의 평안을 잃지 않는 자세야말로 믿음의 청년다운 자세입니다.

내가 잘 아는 부부의 연애 시절 이야기가 좋은 예입니다. 대학 시절 그 둘은 서로에 대해 호감을 갖고 있었습니다. 6개월간의 구애 기간이 있고 나서 마침내 형제는 자매에게 자신의 마음을 고백하기에 이릅니다. "사귀어 보고 싶다"는 형제의 고백을 들은 자매는 기쁘면서도 한편으로는 망설여졌다고 합니다. 자신도 그 형제에게 호감을 갖고는 있었지만 여러 면에서 형제는 자매의 이상형이 아니었기 때문입니다. 성품이나 믿음에서는 단연 돋보이는 형제였지만 그 외 많은 부분들이 교제 수락을 주저하게 만들었습니다. 진지하게 사귀다가 결혼 얘기가 나오면 부모의 반대에 부딪칠 것만 같았습니다. 마침 방학 기간이라, 자매는 이 고민을 떠안은 채 집에 머물러 어떤 결정을 내릴지 생각하고 또 생각했다고 합니다. 그리고 마침내 결정을 했습니다. 개학과 동시에 형제에게 "No!"라는 거절 의사를 표시했습니다. "우리가 사귀기에는 아무래도 맞지 않는 부분들이 많은 것 같아요"라는 편지를 보내 버린 것입니다. 막상 그 편지를 보내고 나자 형제에게 향했던 호감도 어느덧 굳게 닫혀 있음을 느낄 수 있었습니다.

편지를 받은 형제의 마음이 어떠했을까요? 첫사랑의 실패 후 3년 만에 마음을 준 여자에게 또 다시 거절을 당했으니 형제의 충격은 매우 컸을 것입니다. 한 번도 아닌 두 번씩이나 여자에게 거절을 당하다니…. 이런 사실

을 잘 알고 있는 자매로서는 그 형제와 마주치는 것이 여간 부담이 아니었
습니다. 같은 기독 동아리 활동을 하고 있던 터라 마주치지 않을 수도 없
고, 마주친다면 분명히 자신에게 미움의 눈길을 보내던가, 자신의 뜻을
관철시키려고 애걸복걸하리라 생각했기 때문입니다. 사실, 보통의
남자라면 몹시도 마음을 줬던 여자에게서 거절당했을 때 마치 세상
이 끝난 것처럼 행동하는 것이 오히려 자연스럽습니다. 이미 형제
에게서 마음이 돌아선 자매는 이런 사실들을 생각하며 마음이 무
척 부담스러웠다고 합니다.

그러나 막상 그 형제와 마주쳤을 때 자매는 많이 놀라고 말
았습니다. 비관에 젖어 지내거나 자매를 비난하는 게 아니라
아무 일 없었다는 듯 행동했기 때문입니다. 형제는 처음에 그
랬던 것처럼 자매를 변함없이 존귀하게 대해 주었고, 일상의
평안을 잃지 않고 지냈습니다. 뒤에 안 사실이지만 형제는 그
러기 위해 무던히 노력했다고 합니다. 마음의 상처는 컸지만
자신을 거절한 것이 자매의 잘못이 아님을 인정하면서 하나님
뜻을 믿고 기다려 보자는 심산이었다고 합니다. 그래서 형제는
더욱 하나님의 일에 열심이었는데 문제는 그 다음부터였습니
다. 자매는 날이 갈수록 형제의 여유나 배짱, 하나님을 향한 열
정에 마음을 빼앗기고 맙니다. 한결같은 미소를 잃지 않는 형제
의 여유 있는 모습에서 진정한 남자다움을 느낍니다. 자신을 다그
치지 않고 미워하지도 않으면서, 여전히 공동체 안의 존귀한 자매
한 사람으로 대해 주는 형제의 모습을 보니 이번에는 자매 마음이 조
급해졌다고 합니다. 잘못하면 그 형제를 놓칠 것만 같아 이번엔 그 자매

가 형제에게 구애하기에 이릅니다.

그렇게 그 커플은 여러 장애를 극복하고 4년간의 교제 끝에 결혼해 잘 살고 있습니다. 자매는 그때를 떠올리며 이런 말을 남겼습니다.

"제가 그때 남편에게 반했던 것은 이 사람의 여유였어요. 청년 시절에는 연애 문제를 제일 크게 생각하기 때문에 그게 안 됐을 때 얼굴이 금방 찌그러지잖아요. 죽네 사네 하는 사람들도 많고요. 그런데 남편은 변함없는 모습을 보여 줬어요. 물론 속으로는 참 힘들었다고 고백했지만요. 저는 그것이 위기관리 능력이라 생각했어요. '아, 이 사람의 속은 참 견고하구나. 이 사람이라면 앞으로 어떠한 어려운 일들이 닥쳐도 믿고 함께 갈 수 있겠다' 하는 마음이 들었지요. 그런데 결혼해서 살아 보니 정말 그렇더라고요. 어떤 파도가 밀려와도 죽네, 사네 요동하지 않고 묵묵히 전진하는 남편을 볼 때, 역시 제 선택이 옳았음을 알게 돼요."

나는 이 이야기를 들으면서 역시 여유 있는 사람이 이긴다는 사실을 다시 한 번 실감했습니다. 한두 번 넘어졌다고 세상이 끝난 것처럼 조급해하면 정말 그 사람의 세상은 끝이 날 수 있다는 사실을 배웠으면 합니다.

여러분 중에도 아직 거절감의 상처를 극복하지 못한 사람이 있다면 여유를 가지고 기도하십시오. "나는 하나님 앞에 존귀한 자녀이고, 하나님께선 그런 나에게 가장 좋은 것을 주실 것이다"는 믿음이 우리 속에 뿌리 내리고 있다면 여유를 가지지 못할 이유가 없습니다. 누군가에게 거절당했다면 그 사람이 나에게 가장 적합한 상대가 아닐 수도 있음을 생각하십시오. 하나님 앞에 존귀한 나의 가치를 아직 발견할 줄 모르는 상대방을 긍휼히 여길 수 있는 배짱을 가진다면 더욱 좋습니다. 아직 내가 배우자를 만나기에 준비가 덜 되었다는 마음이 드신다면 그 아픔들을 자기 성숙의 계기로 삼으시면 됩니다.

거절감의 상처를 심하게 받은 분이 있다면 누군가와의 만남에서 상처를 주지 않는 법을 터득할 수 있는 기회로 삼으셔도 좋습니다. 결국 우리가 당하는 모든 일은 버릴 것이 하나도 없다는 말이 맞습니다. 그것이 비록 상처일지라도 어떻게 소화하느냐에 따라 내가 더욱 깊어지고 멋있어질 수 있다는 사실 앞에 모든 것을 감사하며 받아들이시기 바랍니다. 여유를 지닌 사람이 결국 승리하는 사람입니다.

때로는 이별이 축복이다

누군가를 만나 교제하는 것은 항상 결혼을 전제로 해야 하지만, 결혼이 필수가 아님을 언제나 잊지 말아야 합니다. 어떻게 해서든 그 만남을 반드시 '결혼'으로 이끌려는 태도는 바람직한 자세가 아니라는 뜻입니다. 결혼은 자연스런 하나님의 인도하심 가운데 이루어져야 합니다. 인위적으로, 무리하게 결혼까지 이끌고 가면 그 뒷감당 때문에 인생이 온통 상처투성이가 될 수 있습니다. 하나님께선 우리가 가장 잘 맞는 배우자를 만나기 원하시지, 교제하며 깊이 사귀었다고 억지로 결혼까지 가길 원하지 않으십니다. 서로 대화가 잘 통하는지, 서로 성품이 맞는지, 비전이 맞는지, 서로에게 이성적인 매력을 느끼는지 맞춰 보면서 약간의 불협화음은 있지만 주님 안에서 극복할 수 있다고 확신이 되면 기도를 통해 결혼의 문까지 이르는 게 가장 좋은 결합이라 할 수 있습니다.

어떤 커플이라도 100퍼센트 완벽한 화음을 낼 수는 없을 것입니다. 그러나 데이트 기간을 통해 서로가 확신할 수 있을 정도의 소리는 낼 수 있어야 합니다. 만약 그렇지 않다면 지금 당장 고통스럽더라도 이별을 받아들이는 것이 서로에게 축복이 됨을 알아야 합니다. 그것이 결혼 후 매일 서로의 가슴에 상처를 남기는 것보다 훨씬 낫습니다.

제가 아는 어떤 형제는 한 여자를 만나 예쁘게 교제를 진행시켜 나갔습니다. '서로 죽이 잘 맞는다'는 표현이 절로 나올 만큼 그 둘은 대화도 잘 통했고, 참 잘 어울리는 사람처럼 보였습니다. 그런데 문제는 서로의 비전과 신앙 색채가 다르다는 것이었습니다. 형제는 보수주의적인 신앙을 가졌지만, 자매는 자유주의적 신앙, 즉 민중신앙적인 신앙을 가졌습니다. 형제는 순수 복음을 전하는 전도자로 살아갈 것을 원했고, 자매는 민중운동을 위해 그 삶을 바치고 싶어 했습니다. 고학력자인 그들은 그 점에서 늘 부딪쳤습니다. 자매가 너무 사랑스러웠던 형제는 이 때문에 고민하지 않을 수 없었습니다.

그러나 예수님을 너무나 사랑했던 형제는 둘의 다른 신앙 색채가 장차 이룰 가정을 행복으로 인도하지 못할 것을 알고 헤어짐을 결행합니다. 마음은 너무 아팠지만 그것이 서로를 위해 바람직한 결단이라 믿었습니다.

아니나 다를까요. 그로부터 2년 뒤 형제는 자신을 위해 예비해 두신 자라 확신할 만큼의 사랑스러운 자매를 만났습니다. 대화가 잘 통할 뿐 아니라 비전도, 신앙적 색채도 잘 맞는 자매를 만나 마침내 결혼까지 이르렀습니다. 실제로 비전이 같았던 그들은 결혼 후의 고난도 잘 헤쳐 나갔고 서로 사랑하며 행복하게 살고 있습니다.

이 형제의 모습을 보며 나는 정말이지 때로는 이별이 축복이 됨을 확신할 수 있었습니다. 비단 이 형제의 예만이 아닙니다. 만약 여러분의 상황이 이와 비슷하다면, 즉 하나님의 기준에 비쳐봤을 때 '이 부분은 절대로 맞춰 나가기 어렵겠다'는 확신이 거듭 든다면 당장은 상처가 되더라도 이별을 받아들이는 결단과 지혜가 필요합니다. 그러나 그런 결단을 내릴 때는 신중해야 합니다. 하나님 앞에 거듭 기도해야 합니다. 한 번의 선택이 돌이킬 수 없는 후회를 낳기도 하는 까닭입니다. 잘못된 결단으로 상대방에게나 나에게 치명적인 아픔을 남기지 않도록 해야 합니다.

큰 아픔이 큰 사명을 낳는다

어떤 형제, 자매들은 자신의 불우한 가정환경 때문에 아예 결혼 자체를 회의적으로 생각하기도 합니다. 요즘처럼 이혼이 보편화 된 시대는 더욱 그렇습니다. 어차피 헤어질 거라면 결혼할 필요가 없다는 생각에 이성과의 만남을 새털처럼 가볍게 생각합니다. 좋아하면 적당히 만나 즐기다가 동거에 들어가고, 싫어지면 그냥 헤어집니다. 그러나 이것은 욕망을 조절하지 못하는 세대의 문화이자, 가정에 대한 존귀함을 느껴 보지 못한 세대의 문화입니다. 한 가정을 이루는 일이 얼마나 진지하고 귀한 일인가에 대한 학습과 체험이 없었음을 보여 주는 것입니다. 또한 좋은 가정의 모델을 보고 듣지 못했기 때문이기도 합니다. 사실 폭력적인 아버지, 자녀에 대한 책임감이 없는 부모, 헤어지지 못해 어쩔 수 없이 사는 앙숙 부모의 모습을 어려서부터 보아 온 사람이라면 결혼에 대한 소망을 가지기 어렵습니다. 결혼이 미래를 희망으로 만들어 줄 수 있다는 확신을 갖기도 어렵습니다. 그래서 남자, 여자를 만나는 일에 회의적일 수밖에 없습니다.

그러나 "큰 아픔은 큰 사명을 낳는다"는 사실을 기억하시기 바랍니다. 내가 자란 가정의 아픔이 컸다면 그것은 앞으로 이룰 가정이 그만큼 귀하다는 뜻입니다. 우리가 잘 아는 가정사역자들 중에도 자라는 동안 특별히 가정의 아픔을 겪었던 분들이 많습니다. 결국 그분들은 가정의 아픔을 주님 안에서 훌륭하게 극복하였을 뿐 아니라 좋은 가정의 모델들을 세우는 일을 사명으로 알고 살아갑니다. 이 얼마나 멋진 일입니까?

요즘은 결혼예비학교나 아버지학교 등 결혼을 준비할 수 있는 모임이 활성화되어 참 다행입니다. 이런 모임에 참석한다든지, 결혼 관련 책을 통해 좋은 가정을 설계하고 기도한다면 우리는 반드시 주님의 영광이 드러나는 아름다운 가정을 이룰 수 있습니다.

그런데 이를 위해서는 먼저 자기에게 묻어 있는 부모의 나쁜 모습의 잔재를 청산해야 합니다. 가계에 흐르는 저주가 있다면 바로 이런 것입니다. 폭력적인 부모 밑에서 자란 사람은 자신도 모르게 폭력적인 성향을 갖고 살아갈 수 있습니다. 늘 자식을 추궁하던 부모 밑에서 자란 사람은 어느덧 자신의 언어 속에 추궁하는 언어가 묻어 있음을 발견할 수 있습니다. 서로 사랑하는 부부의 모습이 어떠한지, 존경과 사랑이 오가는 부모 자식간의 모습이 어떠한지에 대한 경험이 없다는 것은 그만큼 불리한 조건이 아닐 수 없습니다.

그렇다면 불우한 가정에서 자란 사람은 이대로 아름다운 가정을 이루는 일을 포기해야 할까요? 아니면 '하나님께서 다 알아서 해 주시겠지' 라는 태도로 손놓고 있으면 되는 걸까요? 후자의 경우는 십중팔구 결혼생활을 하는 동안 자신도 모르는 사이에 부모의 모습을 답습하게 됩니다. 어느덧 부부 사이가, 부모 자식 사이의 관계가 파괴되어 있음을 발견합니다.

나 역시 그랬습니다. 청년 시절에 은혜를 체험하면서 기도로 배우자를 만났고, 기도로 준비하여 결혼에 이르렀습니다. 아이도 셋이나 낳아 행복한 삶을 살아갔습니다. 그런데 첫아이를 양육하면서 아버지의 모습이 그대로 내게 나타남을 발견할 수 있었습니다. 나의 아버지는 신앙과 삶의 태도에서 너무도 훌륭한 모습을 보여주신, 내가 정말 존경할 수밖에 없는 분이십니다. 그러나 아버지는 과거 세대가 그렇듯이 자식들을 너무도 엄격하게 가르치셨습니다. 때로는 아버지의 권위가 성경의 권위를 앞지르기도 했습니다. 아버지 앞에서는 숨조차 쉴 수 없을 정도였습니다. 우리가 아버지의 기준에 이르지 못할 때는 마땅히 아버지의 처벌을 달게 받아야 했는데, 나는 그런 아버지가 무서우면서도 '아버지라면 저럴 수 있다' 는 생각을 은연중 했던 것 같습니다.

큰아이가 사춘기가 되었을 때, 나의 이런 생각은 행동으로 나타나기 시작했습니다. 큰아이를 윽박지르고 야단치면서 우리 가정은 하루도 평안할 날이 없었습니다. 그런 시간이 얼마간 계속되었지만 다행히도 나는 하나님의 은혜로 나 자신의 문제를 돌아보게 되었습니다. '아, 내가 좋은 아버지의 모델을 학습하지 못했구나!' 그때부터 나는 우리 시대 아버지의 좋은 모델을 학습하기 시작했습니다. 내 속에 가득 쌓여 있는 권위주의의 잔재들을 청산하기 시작했습니다. 주변에 있는 멋진 아버지들의 모습을 배우기 시작했습니다. 그래서 어떻게 되었을까요?

우리 가정에 화해가 이루어졌습니다. 날마다 웃음과 격려와 교제가 이어졌습니다. 아버지인 내가 '성 세미나'를 인도하기 시작하면서 아이들에게 성교육도 시켜 주었고, '부부생활 세미나'를 하면서 아내에겐 더 좋은 남편이 되기 위해 노력했습니다. 가족 간의 사랑은 노력하면 노력할수록 샘솟듯이 터져 나오는 것임을 알게 되었습니다. 아버지인 내가 변하자 존경과 사랑과 신뢰가 선물로 돌아왔습니다. 쑥스러운 고백이지만, 너무도 많은 가정이 우리 가정을 좋은 가정의 모델로 삼았습니다. 이 얼마나 큰 은혜입니까?

하나님을 믿는다는 것은 이렇게 좋은 일입니다. 소망이 없다면 기도하면서 세우면 됩니다. 기도하면서 학습하고, 학습하면서 하나님의 도우심을 구하면 됩니다. 성경에서 지침을 얻으며 하나님의 직접적인 지도를 받으면 됩니다. 하나님께서 우리 가정을 반드시 멋지게 만드시리라는 소망이 있으면 나 자신도 기꺼이 변화시킬 수 있습니다. 나 자신을 하나님의 영광을 위한 도구로 내어 드리기만 하면 저주가 변하여 축복이 됩니다. 어떤 가정에서도 나지 않았던 예수님의 향기가 뿜어져 나옵니다. "큰 상처가 큰 별이 된다."(A big scar becomes a big star)는 말이 실제로 가정 안에 이루어집니다.

아픔이 있습니까? 아름다운 가정에 대한 소망을 가지시기 바랍니다. 그 소망을 이루기 위해 좋은 가정의 모델을 보여 달라고 기도하십시오. 좋은 부부, 좋은 부모가 되기 위해 학습할 준비가 되어 있다면 그 아픔은 우리에

게 축복을 가져다 줄 것입니다. 아픔이 변하여 복이 되는 기쁨을 경험할 수
있을 것입니다.

아, 과거가 괴로워

나는 더 이상 존귀하지 않아!

결혼을 앞둔 형제, 자매들 중에는 과거 문제 때문에 괴로워하는 사람들이 참 많습니다. 특히 성적 순결의 문제는 결혼을 앞둔 형제, 자매의 가슴을 가장 크게 옥죄입니다. 순결의 문제로 고민할 때에는 여러 원인이 있을 수 있습니다. 애인과 사귀던 중에 참을 수 없는 유혹의 현장에 처했을 수도 있고, 욕망을 이기지 못해 시작된 일이 상습적으로 진행되었을 수도 있습니다. 혹자는 누군가의 성범죄로 인해 극심한 고통에 시달리는 사람도 있습니다. 물론 이 경우는 앞의 예와는 다른 관점에서 바라봐야 합니다. 어린 시절 사촌오빠에게, 의붓오빠에게, 길거리에서 전혀 낯선 이에게 성폭행을 당한 이후 평생 동안 성적 수치심을 안고 살아가는 이의 고통을 주님께서는 어루만져 주길 원하십니다. 그들은 성적 체험을 한 것이 아니라 길을 가다 누군가에게 구타를 당한 것처럼 타인에게서 범죄를 당한 것임을 인식해야 합니다. 도둑질을 당하고 폭행을 당하는 일과 비슷한 맥락입니다. 이런 인식은 폭행을 당한 사람이나 그것을 바라보는 사람이 함께 가져야 합니다. 절대 과거의 성폭행 당한 경험으로 인해 절망하며 앉아 있어선 안 됩니다. 그 문제를 놓고 주님 앞에 치유 받아야 합니다. 우리의 아픔을 싸매시며 새롭게 하시는 주님의 은총 속에 들어가야 합니다. 그 은총 속에서 자유와 회복의 역사를 소망해야 합니다. 이 문제는 순결 상실의 문제가 아니라 상처 회복의 문제로 바라봐야 합니다. 일평생 살면서 겪는 많은 고통 중 큰 고통 하나를 겪었다는 사실 앞에 주변의 위로와 기도가 필요한 문제입니다.

살다 보면 우리는 그것 말고도 애매한 고난을 당할 때가 있습니다. 누구의 잘못이나 죄 때문이 아니라 정말 어처구니없게 당하는 고난입니다. 이런 고난이 세상 속에는 참 많아 보입니다. 갑자기 돈을 빼앗기기도 하고, 낯모르는 이에게 뺨을 얻어맞기도 합니다. 심지어 한 정신병자 때문에 무고한 지하철 승객들이 사망했던 대구 지하철 사건도 겪어야 했습니다. 말세의 징조를 보이는 세상살이의 혼잡함은 이루 말할 수 없을 정도입니다. 우리의 논리로는 도저히 설명 불가능한 고난이 우리 주변엔 많이 일어납니다. 그래서 우리는 어느 누구에게도 돌을 던질 수 없고, 함부로 판단할 수 없습니다. 모든 일을 아시고 판단하시는 하나님께만 그 권한이 있습니다. 이에 대해 성경은 이렇게 말씀합니다.

"애매히 고난을 받아도 하나님을 생각함으로 슬픔을 참으면 이는 아름다우나 죄가 있어 매를 맞고 참으면 무슨 칭찬이 있으리요 오직 선을 행함으로 고난을 받고 참으면 이는 하나님 앞에 아름다우니라"(벧전 2:19-20).

이 말씀은 죄의 대가로 인해 당하는 고난 앞에서는 칭찬거리가 없지만, 애매한 고난을 받을 때 하나님을 생각함으로 그 슬픔을 참고 이겨 내면 칭찬거리라는 뜻입니다. 이는 하나님 앞에 아름답다고 했습니다. 그 아름다움으로 하나님께 영광을 돌릴 수 있다는 뜻입니다. 여러분 중에는 이런 아픔을 겪은 분들이 혹 안 계십니까? 과거에 폭행 당했던 기억으로 현재와 미래의 시간을 잿빛으로 칠하고 있진 않습니까? 나를 만드시고 사랑하시고 지켜 보시는 하나님을 생각함으로 슬픔을 이겨 내십시오. 자유 하십시오. 내가 여전히 하나님의 존귀한 자녀임을, 예수님의 십자가 보혈 앞에 정결한 사람임을, 장차 하나님 앞에 아름답다 칭찬받을 사람임을 믿으시기 바랍니다.

이미 성범죄를 저질렀다면

그렇다면 이미 성범죄를 저지른 사람들에 대해 성경은 어떻게 얘기하고 있을까요? 여기서 성범죄라 함은 결혼 전에 이미 성적 음란의 죄를 범한 경우입니다. 동거생활을 했거나 한순간의 감정적 충동을 이기지 못해 성관계를 가진 경우, 죄를 지었으니 평생 죄책감 속에 살아가야 할까요? 아니면 '사랑해서 그런 건데 뭐 어때?' 라거나 '요즘 세상에 숫처녀, 숫총각이 어디 있어? 그렇담 그 사람이 천연기념물이지' 라며 자신의 행동을 합리화해야 할까요?

우리가 분명히 짚고 넘어가야 할 것은 부부관계 외의 성적 경험은 모두 '죄'라는 사실입니다. 성경에서는 이 사실을 분명히 말씀하고 있습니다. 따라서 이 죄의 문제는 확고하게 단절해야 합니다. 현재 이런 죄를 짓고 있는 사람이 베드로전서 2장 19-20절 말씀을 자신에게 적용하면서 죄책감을 참고 이겨 낼 문제로 받아들여선 안 됩니다. 성관계를 계속 가지면서 '나는 비록 결혼 전에 성관계를 갖고 있지만 사람들의 시선쯤은 참아 낼 수 있어'라고 생각한다면 이는 칭찬받을 일도 아니고, 아름다운 일도 아닙니다. 애정지상주의가 빚어 낸 나약한 감상주의일 뿐입니다. 이때는 단호하게 죄를 단절하면 됩니다. 죄를 여전히 내 몸에 품고 있다면 회개하고 돌이켜야 합니다. 그럴 때 하나님의 한없는 위로와 인정하심이 뒤따릅니다.

또한 과거에 저지른 죄의 문제를 놓고 회개하고 돌이켰다면 더 이상 그 문제를 놓고 슬퍼하거나 괴로워할 이유가 없습니다. 계속적으로 '나는 과거에 그런 죄를 지었기 때문에 순결하지 못해. 하나님께서도 이 문제만큼은 기억하고 계실 거야. 난 더 이상 정결한 하나님의 백성이 될 자격이 없어'라고 생각한다면 그 생각은 결코 하나님께로부터 온 것이 아닙니다. 사탄의 참소에 걸려든 것입니다. 사탄의 목적은 언제나 한 가지입니다. 우리를 하나님에게서 멀어지게 하는 일입니다. 죄로부터의 돌이킴을 의미하는 회개의 역사가 있었다면 그 죄가 아무리 크더라도 이제는 자유 하시기 바랍니다. 그것이 하나님을 기쁘게 해 드리는 일입니다. 그랬는데도 계속해서 정죄의 음성이 들려온다면 나사렛 예수 이름으로 이렇게 외치십시오.

"그래. 어쩔래? 난 그 문제를 놓고 이미 예수 그리스도의 십자가 앞에서 사하심을 받았다. 난 분명한 하나님의 자녀인데 왜 자꾸 정죄 의식을 심어 주고 그래? 어쩔 거야? 난 하나님께서 사랑하시는 자녀야. 네가 날 어떻게 할 권세라도 있어? 네가 하나님의 권세를 이길 수 있어?"

주님의 이름으로 이렇게 담대하게 외쳐 보십시오. 그리고 순결한 하나님의 백성으로 새롭게 살아가십시오. 좋은 배우자를 만나 서로 뜨겁게 사랑하고 아름다운 가정을 이루어 하나님께 영광 돌리십시오. 하나님께서는 예수 이름으로 죄를 이겨 내고 멋지게 살아가는 당신을 축복하실 것입니다.

어떤 사람은 하나님께서도 용서하신 자신의 성적 음란의 죄를 스스로 용서하지 못해 괴로워하기도 합니다. 내가 아는 엘리트 여성 한 분이 그랬습니다. 아무리 말해도 주님의 십자가 사건을 감격과 은혜로 받아들이지 않았습니다.

"그래도 처녀막이 파괴된 건 어떡해요? 나는 이미 순결을 잃었는 걸요."

우리가 회개하고 돌이키면 하나님께서는 그 죄를 기억지도 않으시겠다고 약속하셨습니다. 하나님은 회개는 회개고, 마음속에 꼭 담아 두었다가 언젠가 '너도 한번 당해 봐' 는 식으로 복수하시는 분이 아니라는 말입니다. 아버지 되시는 하나님은 결코 자식에게 그런 잔인함을 보이지 않으십니다. 하나님께서는 심지어 이런 약속까지 하셨습니다. 자녀인 우리가 죄를 인정하고 예수님의 십자가 보혈의 은혜 앞에 엎드리면 우리가 아예 죄를 짓지도 않았던 것처럼 보신다고 하셨습니다.

> "나 곧 나는 나를 위하여 네 허물을 도말하는 자니 네 죄를 기억지 아니하리라"(사 43:25).
> "동이 서에서 먼 것같이 우리 죄과를 우리에게서 멀리 옮기셨으며"(시 103:12).

하나님께서는 당신 자신을 위하여 우리의 죄를 기억지 않으시겠다고 하셨습니다. 또한 동이 서에서 먼 것같이 우리 죄과를 우리에게서 멀리 옮기셨다 하셨습니다. 동이 서와 만날 수 있습니까? 동은 언제나 서의 반대편에 존재할 수밖에 없습니다.

그래서 죄 사함을 받은 백성은 순결합니다. 순결의 원래 의미가 무엇입니까? 순결이란 '이질적인 것으로부터의 자유'를 의미합니다. 이질적인 것, 즉 죄로부터의 자유를 얻은 백성이기에 순결하다는 뜻입니다. 이 사실을 믿으십니까? 예수 그리스도의 십자가 보혈의 은혜가 그만큼 엄청나다는 사실을 믿는다면 과거의 죄 문제로 더 이상 방황할 수는 없습니다. 그 문제에 사로잡혀 사탄과 놀아나는 일이 없어야 합니다.

나와 상담했던 엘리트 여성은 이 사실을 아무리 설명해도 받아들이지 못했습니다.

"그래도 처녀막이…."

끝까지 되뇌는 '처녀막' 얘기에 나는 마침내 화가 나서 외쳤습니다.

"처녀막이 중요합니까, 십자가가 중요합니까?"

여러분 중에는 혹시 이런 사람이 없습니까? 처녀막을 우상으로 섬기는 사람, 첫 경험이냐 아니냐의 문제가 인생의 가장 중요한 문제가 되어 버린 사람, 10년, 20년이 지나도록 그 문제의 사슬 속에서 벗어나지 못하는 사람… 혹 없습니까? 우리가 진정 믿음을 가졌다면, 십자가 보혈의 은혜로 죄인에서 의인으로 옮기운 바 되었다는 사실을 믿는다면 더 이상 당당하게 살아가지 못할 이유가 없습니다. 정결한 한 사람의 신랑, 신부가 되었다는 사실을 믿음으로 받아 새 인생을 설계하지 못할 이유가 없습니다. 문제는 십자가입니다. 십자가를 바라보면 모든 문제가 해결될 수 있습니다.

배우자의 과거

청년들과 상담을 하면 가장 많이 받게 되는 질문 중 하나가 이것입니다.
"과거가 있다면 배우자가 될 사람에게 그 사실을 고백해야 하나요, 말아야 하나요?"

사실 이 질문에 대한 가장 정확한 대답을 찾기는 어렵습니다. 어떤 사람은 고백해야 한다고 말하고, 어떤 사람은 굳이 고백할 필요가 없다고 말합니다. 그만큼 이 문제는 사례별로 신중하고 조심성 있게 처리되어야 함을 의미합니다.

하지만 한 가지 분명한 사실은 알아야 합니다. 배우자가 저지른 과거의 성적 범죄는 다른 누구 아닌 하나님 앞에 저지른 죄라는 사실입니다. 우리 몸은 하나님의 성전입니다. 따라서 그것을 거룩하게 지키지 못한 것은 하나님께 저지른 죄입니다.

"너희는 그리스도의 것이요 그리스도는 하나님의 것이니라"(고전 3:23).

나나 상대방 모두는 하나님의 것입니다. 결코 나의 소유가 아닌 것입니다. 나나 상대방이 성범죄를 저지를 때 눈물 흘리며 바라보고 계셨던 분은 하나님이십니다. 내가 음란의 죄를 저지르고 있을 때 피멍 든 가슴으로 통곡하고 계셨던 분은 우리의 신랑 되신 예수 그리스도이십니다. 그런 그분께서 속죄의 은혜를 베푸셨다면 우린 아무도 과거의 죄 문제를 놓고 상대방을 다그칠 권한이 없습니다. 그런 점에서 나는 자연스럽게 기회가 왔을 때, 과거의 잘못을 서로에게 고백하는 것이 옳긴 하지만, 과거 죄의 문제를 서로에게 고백하지 않았다고 해서 문제를 삼는 것은 문제가 있다고 생각합니다.

어떤 사람은 다른 죄는 몰라도 성 문제만큼은 몸으로 지은 죄이기 때문에 결혼 전에 서로에게 고백해야 한다고 말합니다. 그러나 그렇게 따진다면 다른 모든 죄들도 몸으로 짓기는 마찬가지입니다. 도둑질한 손, 상대방의 마음을 후벼 판 입술, 심장을 도려 낸 분노의 눈, 가지 말아야 할 곳에 가 버린 발 등등, 우리 몸은 온통 죄악의 도구라 볼 수 있습니다.

우리는 내가 사랑하는 상대방이 과거 성문제로 인해 얼마만큼 고통스러웠는지, 왜 그런 죄를 짓게 되었는지, 그로 인해 얼마만큼 하나님의 마음을 아프게 해 드렸는지, 또한 십자가 보혈의 은혜를 얼마나 깊이 헤아리게 되었는지 알지 못합니다. 그러나 사랑하는 우리 두 사람이 십자가 앞에 섰을 때 그 모든 죄과가 나사렛 예수 이름으로 소멸됨을 믿기에 상대방을 존귀하고 정결한 배우자로 인정해 줘야 한다는 사실만큼은 확실합니다.

내가 아는 한 여성은 처음 사귀었던 남자친구의 입영 하루 전에 첫 경험을 하고 말았습니다. 성에 대해서는 아무것도 모르던 상태에서 얼떨결에 이루어진 이 일 이후, 그녀는 너무도 괴로워 남자친구와 헤어지고 말았고, 몇 년 후 그녀를 쫓아다니던 새로운 남자친구와 사귀게 되었습니다. 그런데 문제는 이때부터 더욱 커졌습니다. 그녀의 새로운 남자친구는 그녀와 만날 때마다 성관계를 요구했는데 '어차피 순결을 잃었던 여자'라는 죄책감이 있던 그녀는 순순히 그에 응해줬습니다. 그러자 새로운 남자친구는 이중적인 남자의 본성을 그대로 드러냈습니다. "너는 분명 내가 첫 남자가 아니다. 그렇지?"라며 여자를 옥죄었던 것입니다. 마음 약한 그녀는 남자의 추궁에, 있었던 사실 그대로를 고백했지만 남자는 그때부터 그녀를 '끼 있는 여자' 혹은 '더러운 여자' 취급을 하며 사사건건 간섭을 해대기 시작했습니다. 이렇게 비겁한 남자가 어디 있습니까? 자신은 여자의 순결을 지켜 주지 못하면서 여자의 과거 문제를 갖고 그 영혼에 정죄감을 섞어 주다니요.

그 후 그녀는 다른 친구의 전도로 예수님을 알게 되면서 남자친구와의 관계를 깨끗이 청산했습니다. 괴로움 속에서 애인과 헤어졌지만 그것은 그녀가 축복된 삶으로 가는 신호탄이었습니다. 믿음 안에서 점점 아름다워지는 그녀를 믿음에 굳게 선 어떤 한 형제가 붙들었습니다. 둘은 서로 진실하게 사랑했고 서로를 가장 고귀한 신랑, 신부로 대해 주었습니다. 결혼하고 얼마 뒤 그 자매는 나를 찾아와 이런 말을 남겼습니다.

"저는 예수님을 믿으면서 모든 것을 얻었어요. 주님께서는 저를 가장 멋지고 정결한 신부로 만들어 주셨고, 제 남편 또한 저를 그렇게 대해 주고 있어요. 제 과거에 대해 남편이 알고 있는지 모르고 있는지는 모르겠지만, 남편은 그저 있는 그대로의 저를 가장 존귀하게 대해 줘요. 이 사람이야말로 주님 앞에 가장 순결한 사람이라는 생각까지 들어요."

결혼이라는 문 앞에 서 있는 부부가 항상 잊지 말아야 할 점은 두 사람 모두가 예수님의 십자가 보혈의 은혜를 입어야만 살 수 있는 죄인이라는 사실입니다. 이 사실을 안다면 배우자의 과거 문제를 어떤 관점으로 바라봐야 할지 답을 얻을 수 있을 것입니다.

사랑방 통신

1. 인간의 감정적인 사랑을 믿지 말고, 그분을 믿으십시오.
2. 거절감을 잘 극복하는 사람은 인생의 위기도 잘 관리합니다.
3. 때로는 이별이 축복입니다.
4. 하나님에게 당신은 여전히 존귀합니다.
5. 배우자의 과거는 '내' 가 아닌 '하나님' 께 회개해야 할 죄입니다.

결혼···생명을 잉태하는 겨울처럼

왜 결혼해야 하는가

하나님이 설계하고 만드신 프로그램

지금까지 우리는 데이트, 성, 사랑의 아픔 등에 대해 여러 이야기를 솔직하게 나누었습니다. 그렇게 솔직하게 나누면서 여기까지 온 것은 결국 '결혼'에 관한 이야기를 하기 위함이었습니다. 그 모든 과정은 곧 결혼을 위한 과정이자 결혼을 위한 학습이기 때문입니다. 즉 결혼을 위한 데이트, 결혼을 위한 성, 결혼을 위한 아픔의 극복….

여러분은 묻고 싶을 것입니다. "결혼이 왜 그렇게 중요하냐?" "데이트와 성을 학습하는데 왜 꼭 결혼을 염두에 두어야 하냐?"고 말입니다.

그럼 정말 결혼이란 무엇입니까? 왜 우리는 결혼해서 가정을 이루어야 합니까?

이 문제에 대한 답을 얻기 위해서는 결혼이 누구에 의한 창조인가를 먼저 알아야 합니다. 성경에서는 결혼이 사람들의 필요에 의해 시작된 것이 아니라 하나님의 아이디어에 의한 하나님의 설계였다고 말씀합니다. 하나님께서는 온 우주만물을 창조하시고 여섯째 날 인간을 창조하시되 남자와 여자를 만드셨습니다.

> "여호와 하나님이 가라사대 사람의 독처하는 것이 좋지 못하니
> 내가 그를 위하여 돕는 배필을 지으리라 하시니라"(창 2:18).

> "이러므로 남자가 부모를 떠나 그 아내와 연합하여 둘이 한 몸을
> 이룰지로다"(창 2:24).

이 말씀에 의하면 가정은 인간의 필요에 따라 스스로 만들어 낸 시스템이 아니라 하나님이 직접 설계하고 만드신 프로그램임을 분명히 알 수 있습니다. 실제로 하나님은 가정을 창조하시면서 이 땅에 대한 가정의 사명을 다음처럼 말씀하셨습니다.

> "하나님이 자기 형상 곧 하나님의 형상대로 사람을 창조하시되
> 남자와 여자를 창조하시고 하나님이 그들에게 복을 주시며 그들
> 에게 이르시되 생육하고 번성하여 땅에 충만하라, 땅을 정복하
> 라, 바다의 고기와 공중의 새와 땅에 움직이는 모든 생물을 다스
> 리라 하시니라"(창 1: 27–28).

이렇듯 우리가 결혼하는 것은 우리의 뜻 이전에 하나님의 뜻 가운데 이루어지는 일입니다. 그런 만큼 하나님께서도 우리의 결혼을 기뻐하시고 축복하신다는 사실 그리고 각 가정에 대한 분명한 설계도를 갖고 계신다는 사실을 믿으시기 바랍니다.

우리가 알다시피 온 우주만물을 누가 창조하셨습니까? 하나님이십니다. 그럼 그 우주만물을 움직이는 정확한 설계도는 누가 갖고 계십니까? 만군의 여호와 하나님이십니다. 우주만물의 이치를 살펴보십시오. 자전과 공전의 이치, 태양과 지구의 거리, 달과 지구의 관계만 봐도 나 한 사람의 존재를 위한 하나님의 배려가 얼마나 섬세하고 놀라운지 감탄스러울 따름입니다. 인간의 존재만 해도 그렇습니다. 세포 안의 DNA와 RNA의 염색체 배열을 살펴보면 우리 몸의 신비가 얼마나 큰지, 얼마나 정확한 하나님의 설계에 의해 지어졌는지를 알 수 있습니다. 그 정교한 세포 배열 하나만 잘못되어도 우리는 지금처럼 살 수가 없습니다. 이 사실을 생각할 때 우리를 지키시고 보호해 주시는 하나님의 은혜가 얼마나 놀랍습니까?

하물며 지구상의 수억의 인구 중 한 사람을 만나 결혼하도록 인도하시는 하나님의 정교한 계획을 생각할 때 가슴이 뛰지 않습니까? 그 수많은 가정 중 우리 가정만을 향하신 하나님의 독특한 계획이 무엇인지, 우리 가정의 사명이 무엇인지 알아 가는 기쁨을 맛보고 싶지 않습니까? 결혼, 그것은 하나님이 우리에게 주는 가장 큰 선물입니다.

여자가 결혼해야 하는 이유

이 질문에 답하기 위해서는 먼저 성경에서 말하는 남편과 아내의 정체성을 배워야 합니다.

> "여호와 하나님이 가라사대 사람의 독처하는 것이 좋지 못하니
> 내가 그를 위하여 돕는 배필을 지으리라 하시니라"(창 2:18).

하나님께서는 먼저 남자를 지으시고, 그 남자의 독처하는 것이 좋지 못해서 '돕는 배필'을 지으셨습니다. 그렇다면 여기서 '독처'란 무슨 뜻일까요? 일반적으로 우리는 '독처'의 의미를 '남자 혼자 사는 것'으로 해석합니다. 그 말도 틀리지는 않습니다. 그런데 성경을 조금 더 깊게 따져 보면 독처란 '단독자로서 하나님과 만나는 것,' '하나님과 단독자로 만나 진리 안에서 깊은 교제를 나누는 것'을 의미합니다.

꽤 괜찮은 모습처럼 보이지 않습니까? 그런데도 하나님께서는 이 상태를 '온전하지 못하다'고 생각하셨습니다. 남자가 하나님 앞에 온전히 서기 위해서는 '돕는 배필'이 필요하다고 판단하신 것입니다.

이 부분에서 여자들은 이의를 제기할 수도 있습니다. 성경에서는 남자를 여자의 머리라고 하지 않나, 여자는 남자를 돕는 배필이라고 하지 않나, 성경이야말로 남성우월주의의 산실이 아니냐고 반박하는 분들도 계십니다. 그러나 이는 성경을 깊이 이해하지 못한 데서 비롯된 오해입니다. 성경은 성경대로 해석해야 합니다. 우리의 상식이나 인식의 수준으로 해석하면 오해가 생깁니다. 어느 한 부분만 도드라지게 해석해도 오해가 생깁니다.

예를 들어 내가 은애에게 태환에 대한 이야기를 한다고 칩시다.

"나는 태환이 참 멋진 애라고 생각해. 걔처럼 유능하고 성실한 애가 다 있을까? 태환한테 일을 맡기면 항상 마음이 놓여. 예민한 성격 탓에 가끔씩 토라질 때도 있지만 그래도 그 예민함 때문에 일에 대한 실수가 적고 책임감이 강해. 그래서 태환에 대해서는 늘 믿음이 가."

그런데 내가 한 말을 은애가 태환에게 이렇게 전하면 어떠하겠습니까?

"태환아, 니네 상사가 그러던데, 너 참 예민하고 잘 토라진다며?"

내가 태환에 대해 한 이야기와 은애가 태환에게 전달한 이야기는 화자의 말한 의도가 완전히 상반되어 버렸습니다. 이렇게 말하고자 하는 바를 제대로 이해하지 못하면 심각한 오해가 생깁니다.

성경 이해도 마찬가지입니다. 성경 전체의 맥락을 이해하지 못한 채 성경 말씀을 다 알고 있는 것처럼 착각하는 것은 어리석음 중의 어리석음입니다. 심지어 어떤 사람은 이렇게 말하기도 합니다. "성경에도 '하나님이 없다'는 표현이 나와. 성경에조차 그렇게 나와 있는데 왜 그렇게 하나님 믿으라고 난리를 쳐?" 성경 어디에 그 표현이 있습니까? "어리석은 자는 그 마음에 이르기를 하나님이 없다 하도다"(시 14:1). 이 말씀을 보면서 "성경에도 하나님이 없다고 나왔어"라고 말하는데 이런 억지가 어디 있습니까?

'돕는 배필'에 대한 성경의 원래 뜻 역시 제대로 이해하려면 성경 전체를 살펴봐야 합니다. 우리의 상식으로는 '돕는다'고 하면 "누군가의 일을 뒤치다꺼리 해 주는 사람" 정도로 생각합니다. 영화 '친구'의 표현대로 '시다바리' 정도로 생각하는 것입니다.

그러나 '돕는 배필'에서 말하는 '돕는다'의 의미는 그런 것이 아닙니다.

굉장한 뜻을 내포하고 있습니다. 히브리어로 '*ezer*', 즉 '에젤'로 발음되는 이 형용사는 "하나님께서 우리를 도우신다"는 뜻을 담고 있습니다. '도우시는 하나님, 전능자 하나님'을 뜻할 때 쓰이는 형용사가 바로 '에젤'인 것입니다.

> "내가 산을 향하여 눈을 들리라 나의 도움이 어디서 올꼬 나의 도움이 천지를 지으신 여호와에게서로다"(시 121:1-2).

이 말씀은 곧 이렇게 바꿀 수 있습니다.

"나의 에젤이 어디서 올꼬 나의 에젤이 천지를 지으신 여호와에게서로다."그렇습니다. 도우시는 하나님께서 우리의 에젤입니다. '에젤'이란 단어가 얼마나 깊은 뜻을 품고있는지 신약을 보면 더욱 확실해집니다. 신약에서 우리를 도우시는 분이 누구입니까? '성령님'이십니다. 성령님이 곧 우리의 에젤입니다.

여자는 곧 이와 같은 존재입니다. 남편이 하나님 앞에서 단독자로 서는 것이 온전하지 못하므로 온전하게 설 수 있도록 도울 수 있는 사람이 필요한데, 그 유일한 존재가 아내라는 사실입니다. 성령이 우리를 돕는 것처럼 아내는 남편을 돕는 영적인 배필이요, 육적인 배필이라는 점을 말하고 있습니다. 결국 돕는 배필이란 남편을 도우며 지켜 보호하는 에젤로서의 존재가 아내라는 사실을 의미하고 있는 것입니다.

그런 면에서 여자는 결코 남자보다 열등한 존재가 아닙니다. 그래서 아내의 영적인 역할은 가정을 세우는 데 매우 중요합니다. 기도하는 아내, 기도하는 어머니가 존재하는 가정은 결코 흔들림이 없습니다.

그래도 '돕는 배필'이란 말에 반감이 생기는 여자 분들이 계십니까? 그렇다면 우리의 상식 선에서 생각해 보셔도 좋습니다. 하나님께서 창조하신 순서만 살펴봐도 여자가 얼마큼의 가치를 가지는지를 알 수 있습니다. "Best는 Last"라는 말처럼 맨 처음 미생물을 지으신 하나님께선 맨 마지막에 여자를 만드셨습니다. 여자가 남자보다 더 최신작이란 말씀입니다. 자동차를 보십시오. 자동차도 최신형이 훨씬 좋습니다. 옵션도 많습니다. 남자와 여자의 내부 구조만 살펴봐도 여자들이 남자들보다 훨씬 많은 옵션을 갖고 있습니다. 뇌, 폐, 간, 심장 등의 기본 구조는 같지만 생식기관을 살펴보면 여자에겐 남자에게 없는 더 복잡하고 많은 구조가 보입니다. 특히 복강경 검사를 해보면 남자들은 방광하고 창자밖에 없지만 여자들은 방광, 창자를 기본으로 해서 자궁, 나팔관, 난소를 갖고 있습니다. 여자들이 아랫배가 튀어나오는 이유도 이 옵션 때문입니다. 옵션이 하도 많아서 생긴 결과입니다.

그런데 문제는 옵션 많은 자동차는 고장이 잘 난다는 사실입니다. 실제로 여자는 잔병치레가 많고 한 달에 한 번씩 아파야만 합니다. 옵션이 많아서죠.

아내들은 이런 모든 사실들을 생각하면서 좀더 여유 있는 마음으로 남편을 내조해야 합니다. 사실, 결혼해서 살다 보면 아내가 남편보다 훨씬 강하다는 사실을 발견합니다. 물리적인 힘은 남편이 강할지 몰라도 하나님을 붙드는 영적인 힘에선 뒤지지 않습니다. 가족을 위해 날마다 기도하는 사람은 남편보다 아내 쪽인 가정이 훨씬 많습니다. 남편을 가장의 자리에 세우고, 자식들을 주님의 일꾼답게 양육할 수 있는 사람이 바로 아내입니다.

그래서 결혼은 축복입니다. 남자는 이런 에젤을 만나는 것 자체가 축복입니다. 하나님 앞에 결코 혼자서는 이룰 수 없었던 일들을 아내를 만남으로써 이룰 수 있기 때문입니다.

한편 아내는 남편의 존재를 통해 신랑 되신 예수님의 그 뜨거운 사랑을 체험합니다. 참사랑이 무엇인지 남편을 통해 배워 갑니다. 그러므로 남편은 아내가 그 행복을 느낄 수 있도록 해 줘야 하고, 아내는 남편이 그런 모든 사명을 잘 감당할 수 있도록 영적으로 도와줘야 합니다. 그것이 에젤의 사명입니다. 이렇게 서로의 사명을 완수할 수 있도록 돕는 존재가 부부이기에, 결혼은 엄청난 사건이자 축복입니다.

그래서 나는 '결혼'이라는 주제를 '겨울'이란 계절과 연결시켜 보았습니다. 희망의 계절, 생명의 계절인 봄을 준비하는 때가 겨울이기에 그렇습니다. 우리는 결혼을 함으로써 새 생명을 준비하고 미래의 희망을 기대합니다. 머지않아 곧 봄이 다가올 것을 믿기에 둘은 뜨거운 사랑의 입김을 뿜어내며 겨울 추위를 이겨 냅니다. 이것이 결혼입니다. 결혼은 희망의 계절을 잉태하는 시간입니다.

남자가 결혼해야 하는 이유

여자가 결혼하는 것이 '에젤'로서의 사명을 완수하기 위함이라면, 남자가 결혼하는 것은 그리스도의 사랑을 실천하기 위함임을 잊지 말아야 합니다. 남자가 한 여자의 남편이 되었다는 것은 굉장한 의미를 지닙니다.

이를 이해하기 위해 먼저 여자가 왜 남자의 갈비뼈로 지음 받았는지에 대해 살펴보겠습니다. 하나님께서는 아담을 만드신 후 돕는 배필을 지으시려고 아담을 깊이 잠재우셨습니다. 마취했다는 뜻입니다. 그러고선 아담의 갈비뼈 하나를 뽑으셨습니다.

> "여호와 하나님이 아담을 깊이 잠들게 하시니 잠들매 그가 그 갈빗대 하나를 취하고 살로 대신 채우시고 여호와 하나님이 아담에게서 취하신 그 갈빗대로 여자를 만드시고 그를 아담에게로 이끌어 오시니"(창 2:21–22).

　뼈가 그토록 많은데 왜 하나님께선 머리뼈를 뽑지 않으셨을까요? 나는 남자 위에 서지 말라는 의미로 해석합니다. 그렇다면 왜 발바닥뼈로 짓지 않으셨을까요? 남자에게 밟히지 말라는 의도가 아니었을까요? 왜 등뼈는 뽑지 않으셨을까요? 남자에게 뒤쳐지지 말라는 의도로 보는 건 어떨까요?
　갈비뼈는 항상 남자의 중앙 옆에 있습니다. 남편과 아내는 손을 잡고 인생이라는 순례의 길을 함께 걸어가는 사람이라는 뜻입니다. 인생의 동반자로서 서로 높아지거나 깔아뭉개는 존재가 아닌, 앞서거나 뒤쳐지는 존재가 아닌, 동반자의 관계로 살아가는 사람이 부부라는 것입니다. 하나님께서 아담의 갈비뼈를 취해 하와를 만드신 의도를 이렇게 해석하는 것은 성경 전체의 맥락을 바라볼 때 틀리지 않은 해석이라 생각합니다. 부부는 서로 평등하게 대해 줘야 하는 존재임을 말해 줍니다.

　그렇다고 해서 역할까지도 똑같다는 뜻은 아닙니다. 남편은 무엇보다 아내를 보호하고 감싸 줘야 할 역할을 부여받았습니다. 하나님께서는 모든 뼈 중에서 유독 가장 약한 갈비뼈를 택해 여자를 만드셨습니다. 다른 뼈들은 괜찮은데 갈비뼈는 조금만 넘어져도 잘 부러집니다. 그래서 갈비뼈는 보호 장치를 갖고 있습니다. 갈비뼈 옆에 뭐가 있습니까? 두 팔이 있습니다. 두 팔은 항상 갈비뼈 옆에서 보호해 주는 역할을 합니다. 머리나 엉덩이뼈는 이런 보호를 받지 못합니다. 그러나 갈비뼈만큼은 언제나 두 팔이 감싸 주는 까닭에 쉽게 보호받을 수 있습니다. 또 갈비뼈가 얼마나 간지러움을 많이 탑니까? 누군가 갈비뼈를 만지려 하면 간지러움 증세 때문에 반사적으로 두 팔이 그것을 막습니다. 보호받고 사랑받는 뼈라는 증거입니다.

여자는 그래서 남편에게 사랑받을 때 가장 큰 행복을 느낍니다. 남편보다 강한 존재이면서도 남편의 사랑을 먹고 산다 해도 과언이 아닙니다. 실제로 여자들은 다이아몬드 같은 보석을 좋아하기도 하지만, 궁극적으로 남편의 변함없는 사랑과 보호가 있으면 행복을 느낍니다. 초가삼간에 살아도 남편의 진실한 사랑만 있으면 모든 고통과 가난을 이겨 냅니다. 그만큼 여자는 정신적인 존재라는 뜻이기도 합니다.

그래서 남편의 리더십은 섬김의 리더십이 되어야 합니다. 아내를 다스리려 하고, 복종시키려 해서는 안 됩니다. 기선 제압을 위해 다그치고, 권위주의를 내세워 아내를 몸종 부리듯 해서는 절대로 남편 대접을 받을 수 없습니다. 아내에게 불행감만 안겨 줍니다. 이런 남편은 성경이 말하는 남편의 역할에 대한 이해가 전혀 없는 사람입니다.

"남편들아 아내 사랑하기를 그리스도께서 교회를 사랑하시고 위하여 자신을 주심같이 하라"(엡 5:25).

교회를 향한 예수님의 사랑은 말로 표현할 수 없는 사랑입니다. "위하여 자신을 주심같이" 사랑하셨습니다. 그래서 교회가 하나님의 영광을 위해 부름 받은 사명을 완수할 때 기뻐하시지만, 때로 교회가 그 사명을 제대로 완수하지 못할 때에도 인내하며 기다리십니다. 교회의 필요를 채우시고 교회를 충만케 하시는 분이 그리스도이시므로 교회가 때로 잘못된 길로 간다 해도 그 즉시 내치고 벌을 내리지 않으십니다. 교회가 그리스도를 찾기 전에 그리스도께서 먼저 교회를 세우고 사랑하셨습니다. 호세아서에서는 교회를 향한 그리스도의 이 같은 사랑을 음란한 아내 고멜을 용서하고 끝까지 수용한 호세아의 사랑에 빗대어 표현하고 있습니다.

아내 사랑하기를 그리스도께서 교회를 사랑하심 같이 하라는 것은 위와 같이 사랑하라는 뜻입니다. 그러나 많은 경우, 남편들의 태도가 어떻습니까? 아내를 기쁘게 해 주려고 끝까지 노력합니까? 끝까지 아내를 사랑합니까? 어려움이 닥쳐도, 상대의 문제가 보여도 끝까지 사랑하고 감싸 줍니까? 아내의 행동이나 삶의 태도가 자신들이 세운 기준에 적합하지 않으면 "왜 그렇게밖에 못하느냐?"며 다그치고, "남편 알기를 이따위로 아냐?"며 호통 칩니다. 심지어 밖에서 받은 스트레스를 아내를 구타함으로써 해소하는 남편도 있습니다. 아내를 믿고 맡기지 못한 채 아내의 모든 영역을 침범하여 간섭하고 잔소리를 해댑니다. 그래서 오늘날 한국의 가정 안에는 '주눅 든 아내'가 많습니다. 결혼하기 전에는 목숨을 내어줄 만큼 사랑한다고 고백했던 남편이 결혼 후에는 무관심한 태도로 돌변하는 게 일반화되었습니다. 결혼과 동시에 "행복 끝, 불행 시작!"이란 말을 무심결에 내뱉습니다.

그러나 결혼은 그런 게 아닙니다. 결혼이야말로 참된 행복의 시작입니다. 서로의 부족한 모습을 그대로 용납해 주고, 이를 위해 기도해 주는 존재가 있다는 사실, 나의 연약함을 채워 주고 보충해 주는 상대가 있다는 사실, 한 사람이 쓰러지면 다른 한 사람이 일으켜 줄 수 있다는 사실을 믿고 산다면 결혼생활이야말로 하나님께서 허락하신 작은 천국입니다. 그러나 대부분은 사랑하지 못함으로 그 천국을 지옥으로 바꿔 놓은 채 살아갑니다. 문제가 생기면 너무 쉽게 헤어지고, 그나마 결혼생활을 지속하더라도 죽지 못해 사는 부부가 많습니다.

결혼생활을 설계하려는 여러분들에게 묻고 싶습니다. 왜 남편 혹은 아내가 되고자 합니까? 섬기기 위해서입니까? 섬김을 받고 싶어서입니까? 후자의 마음을 갖고 있다면 결혼생활은 결코 행복할 수 없습니다. 불행해질 확률이 거의 100퍼센트에 가깝습니다. "왜 점점 나를 안 챙겨 주는 거야?"라며 서로 다투게 될 게 뻔합니다. 누가 먼저랄 것도 없이 남자든 여자든 이 글을 읽는 순간 결단하십시오. "나는 섬기기 위해 결혼한다"는 태도로 결혼의 문에 들어가십시오. 특히 남자라면, "나는 섬기고 사랑하기 위해 결혼한다. 사랑받고 있다는 행복감을 아내에게 선물하기 위해 결혼한다"는 자세를 가져야 합니다. 남자는 여자 하기 나름이라는 말이 있긴 하지만, 아내가 아내의 사명을 잘 감당하느냐 역시 남편의 사랑이 지속되는가에 따라 달라진다는 사실을 잊지 마시기 바랍니다.

행복한 결혼생활을 위한 5계명

한 몸이 될지니라

하나님께서는 아담과 하와를 지으시고 둘의 주례를 서 주신 것처럼, 우리들의 결혼식에도 친히 주례자가 되시어 지켜보고 계십니다. 그 사실을 우리는 늘 기억해야 합니다. 성경은 결혼에 의해 남자와 여자가 한 몸이 된다고 했습니다. 1 더하기 1은 2가 아니라 1이라는 뜻입니다.

> "이러므로 남자가 부모를 떠나 그 아내와 연합하여 둘이 한 몸을
> 이룰지로다"(창 2:24).

여기서 연합한다는 것은 종이 두 장을 풀로 붙여버린다는 것과 같은 의

미입니다. 그 붙인 종이를 다시 떼어 내려 하면 종이가 어떻게 되겠습니까? 만신창이가 되고 맙니다. 우리의 만남과 헤어짐은 그만큼 깊은 의미를 갖습니다. 특히 결혼을 했다는 것은 이제는 어떠한 경우에도 헤어질 수 없는 사이가 되고 말았다는 뜻입니다.

> "이러한즉 이제 둘이 아니요 한 몸이니 그러므로 하나님이 짝
> 지어 주신 것을 사람이 나누지 못할지니라 하시니"(마 19:6).

결혼한 순간부터 둘은 한 몸이 되었기 때문에 남편이 아프면 아내도 아프고, 아내가 기쁘면 남편도 기쁜 그런 관계 속으로 들어간다는 뜻입니다. 이제 더 이상 서로에게는 부끄러움도 수치심도 없습니다.

> "아담과 그 아내 두 사람이 벌거벗었으나 부끄러워 아니하
> 니라"(창 2:25).

이것이 결혼의 신비입니다. 아내와 남편은 서로에게 가장 최고의 여자, 최고의 남자이면서 곧 너는 나 자신이기에 서로 벗은 모습이 부끄럽지 않다는 것입니다. 서로의 완전한 하나 됨을 체험하면서 더 이상 벗은 모습을 보이는 것이 수치스럽지 않다는 뜻입니다. 왜 그렇습니까? 그가 곧 나이고, 내가 곧 그이기 때문입니다. 만약 어떤 사람이 혼자 샤워를 하고 나와 거울에 비친 자기 자신의 모습을 보면서 "아이, 부끄러워. 아이, 부끄러워"라고 말한다 해 봅시다. 자기가 자기를 보면서 창피해하고 수치스러워하는 사람을 제정신이라 볼 수 없습니다.

결혼의 신비가 정말 놀랍지 않습니까. 결혼과 동시에 성적 수치심은 다 사라집니다. 상대의 옷을 벗기고, 나의 발가벗은 모습을 보여 줘도 수치심이나 죄책감이 따르지 않습니다. 둘이 이루는 결합이 환상적으로 즐겁습니다. 그래서 우리 집 안방은 에덴동산과 같습니다. 아이들이 혹 집에 있을 때에는 아예 안방문을 잠근 채 옷을 벗고 돌아다닙니다. 그래도 우리 부부는 서로에게 부끄럽지 않을뿐더러 언제나 서로가 사랑스럽습니다. 이것이 부부입니다. 부부의 한 몸 됨은 이처럼 신비스럽습니다.

서로의 성적 욕구를 채워 주라

부부의 한 몸 됨을 이야기할 때 먼저 몸의 하나 됨을 이야기하지 않을 수 없습니다. 부부의 성적 결합은 하나님께서 허락하신 비밀스런 기쁨입니다.

> "이러므로 사람이 부모를 떠나 그 아내와 합하여 그 둘이 한 육체
> 가 될지니 이 비밀이 크도다 내가 그리스도와 교회에 대하여 말
> 하노라"(엡 5:31-32).

남편과 아내가 한 육체가 된 것에 대해 성경은 "이 비밀이 크도다"라고 말씀합니다. 그리스도와 교회의 신랑, 신부로서의 사랑은 여러 의미가 있지만, 그 중에서도 온전한 육체적 결합의 의미를 빠트릴 수는 없습니다. 여자와 남자는 결혼함으로써 성적 결합의 자리로 들어갑니다. 그리고 그 자리는 부부 사랑의 결정체가 되어야 합니다. 자녀 생산을 위한 수단으로서의 자리도 아니고, 어느 한쪽의 욕망 충족을 위한 해결의 자리는 더더욱 아

닙니다. 부부간의 성적 결합은 서로에 대한 깊은 사랑과 신뢰의 표출이며 서로의 사랑에 대한 환희의 표현입니다. 너와 내가 온전히 하나임을, 너와 내가 연합한 존재임을 육체로 표현하는 사랑입니다.

그러나 이것은 곧 인격적인 사랑이기도 합니다. 여자와 남자는 깊은 인격적 교제와 배려 없이 온전한 하나 됨을 이룰 수 없는 존재입니다. 너무 다른 차원의 사람이기에 서로에 대한 배려와 이해 없이는 성적으로 하나 됨을 경험하기 어려운 것이지요. 서로 사랑해서 결혼했지만 정작 성적 결합의 기쁨을 경험하며 사는 부부가 많지 않다는 사실이 이 점을 잘 반영합니다.

남자와 여자는 매우 다른 성적 반응을 보입니다. 남자들은 앞서 말한 대로 시각적 존재입니다. 눈만 자극되면 최고의 흥분상태까지 가는 시간이 2-3분이면 족합니다. 그러나 여자들은 어떻습니까? 촉각적이고 청각적인 존재라 계속해서 귀와 온몸을 자극해 줘야 합니다. 시간이 걸립니다. "내가 널 사랑하고 있다"는 사실을 말해 주고 만져 줌으로써 마음과 몸을 열도록 해야 합니다. 2-3분이면 족한 남자의 시간대에 비해 여자는 2-30분이 걸릴 수도 있습니다. 남자들이 백열전등 같다면 여자들은 전기다리미와 같습니다. 스위치를 딱 올리면 금방 불이 올라오는 백열전등과 달리 전기다리미는 한참 시간이 지나야 뜨거워집니다. 또 스위치를 내리기만 하면 금방 컴컴해지는 백열전등과는 반대로, 전기다리미는 코드를 뺀 뒤에도 그 열기가 한참 동안 식지 않습니다. 사정만 하면 좀 전의 뜨거웠던 사랑의 열기가 금방 가시는 남자에 비해, 여자들은 서서히 올라가서 서서히 내려옵니다. 남자의 사정이 끝난 시간에 여자는 아쉬움을 느낍니다.

그래서 정력이 강한 사람, 승부욕이 강한 사람이 어떤 면에서는 여자를 만족시켜 주지 못할 수도 있습니다. 자신의 모든 일들을 빠르게 성취시키는 유형의 남자는 부부간의 침실에서도 같은 모습을 보여 줍니다. 자신의 욕구에만 충실한 나머지 혼자 몰입했다가 혼자 빠져 나와 버립니다. 사업하듯이 한 가지 목적을 위해 일사천리로 진행시킵니다. 이런 남편에게 아내가 어떤 상태인지는 중요하지 않습니다. 빨리 욕구를 해소하고 싶다는 생각에만 사로잡혀 있을 뿐입니다. 아내가 '나는 남편의 욕망 충족을 위한 수단일 뿐이야' 라는 참담한 심정으로 홀로 빈 가슴을 쓸어내리고 있다는 사실에 전혀 관심을 두지 않습니다. 그런 사람의 아내는 외롭습니다. 아무리 남편이 외부적으로 유능하다 해도 침실에서 깊은 사랑의 배려를 경험한 적이 없었기에 늘 무언가 부족한 듯한 느낌을 받습니다. 특히 술 취한 채 잠을 자다 갑자기 아내를 범하는 경우, 아내의 성적 불쾌감은 심할 수밖에 없습니다. 그렇게 해서 아기가 생긴다고 생각해 보십시오. 그야말로 술김에 생긴 아이가 되지 않겠습니까?

아내들도 남편에 대해 이해와 배려가 필요합니다. 아무리 문제없을 것 같은 남성들도 요즘은 3-40대에 접어들면서 '고개 숙인 남성' 이 되어 가는 경향이 많습니다. 현대의 치열한 생존 경쟁 속에서 남편은 가정을 살리기 위해 이리저리 뛰어다니면서 치이고 뜯기는 경험을 합니다. 그런 극심한 스트레스 속에 살다 보니 왕성하던 성적 욕구마저 고개를 숙이고 맙니다. 실제로 직장생활을 하는 40대 남성의 성관계 횟수는 설문조사와는 달리 그리 빈번하지 않습니다. 많은 부부가, 부부 침실의 기쁨을 상실한 현실입니다.

과거와는 달리 요즘은 이런 남편을 아내들이 노골적으로 무시하고 면박을 줍니다. "남편 구실도 제대로 못하면서…"라는 말을 무심코 뱉으면서 남편의 자존심을 뭉개 버립니다. 기다려 주면서, 남편의 회복을 위해 기도 해 주는 아내는 많지 않습니다. 이럴 때는 아내가 여유를 갖고 남편 마음을 편안하게 해 줘야 합니다. 사랑할 날은 앞으로도 많고, 그 많은 시간 속에서 차츰 회복되는 남편을 보게 될 것입니다. 회복의 시간 속에서 부부의 참사 랑이 다시금 활짝 피어날 것입니다.

이와 반대로 무조건 성관계를 회피하려는 아내들도 많습니다. 처음이라 잘 맞지 않는 것인데, 그것으로 성관계 자체를 징그럽고 싫은 것으로 규정 지었기 때문입니다. 그러나 신혼 첫날밤에 완벽한 성적 호흡을 이루지 못 하는 것도 어떤 면에선 감사할 일입니다. 그 감사함을 안고 서로 노력하는 자세가 필요합니다. 다른 모든 것은 다 노력하면서 부부간의 성적 일치를 위해 노력하는 일을 멈추는 것은 가장 중요한 한 가지를 놓치는 일입니다. 무조건 피하려 하지 말고, 서로 성에 대해 열린 대화를 하면서 '그 비밀'이 무엇인지를 알아 가 보십시오. 반드시 사랑의 환희를 경험할 것입니다. 성 에 대한 학습도 하고, 어떻게 해야 서로 간에 절정의 시간을 맞볼 수 있을지 를 연구(?)하십시오. 이를 위해 나는 부부세미나에서 매우 리얼한 대화를 시도합니다. 이 책이 미혼을 위한 책이 아니었다면 여기서도 성에 대한 보 다 구체적인 안내를 해 드렸을 겁니다.

실제로 나는 아들, 며느리가 결혼식을 바로 앞두었을 때 불러다 앉혀 놓 고 첫날밤을 위한 강좌를 합니다. 성경 아가서 4장을 펼쳐 놓고 남녀의 성 기 사진을 보여 주며 여자와 남자의 서로 다른 성적 반응을 어떻게 맞춰 갈 수 있는지 가르쳐 줍니다. 큰아이와 며느리는 처음에는 다소 부끄러워하더니 동생이 결혼할 때가 되자 오히려 이렇게 말합니다.

"아버지, 쟤한테도 꼭 첫날밤을 위한 강좌를 들려 주셔야 해요. 실은 그때 아버지의 강좌가 얼마나 도움이 됐는지 몰라요. 정말 원더플이었어요!"

결론적으로, 아내와 남편의 서로 다른 성적 반응을 맞추기 위해서는 성경의 가르침대로 따르면 됩니다. 성경은 어느 한쪽이 어느 한쪽의 육체적 욕구를 거절할 권리가 없을 뿐 아니라, 자기 자신의 육체적 욕구대로 상대방의 몸을 함부로 주장할 수 없다고 말씀합니다. 내 몸이긴 하지만 이제는 서로를 위해 자신의 몸을 주장하지 말라고 합니다. 서로에게 맞춰 주고 노력해 주고 참아 주고 배려해 주라고 합니다.

> "아내가 자기 몸을 주장하지 못하고 오직 그 남편이 하며 남편도 이와 같이 자기 몸을 주장하지 못하고 오직 그 아내가 하나니"(고전 7:4).

그래서 부부간의 침실은 서로의 성품이 드러나는 현장이자, 서로에 대한 사랑의 깊이가 나타나는 현장입니다.

서로의 핸디캡을 칭찬하라

부부관계를 깨뜨리는 가장 큰 적은 서로에게 치명적인 상처를 안겨 주는 일인데, 이런 상처는 주로 상대방의 허물이나 핸디캡을 지적할 때 일어납니다. 굳이 지적하지 않아도 이미 알고 있는 핸디캡을 부부라는 사람들이 정곡을 찌르며 지적하는 일이 많습니다. "홧김에 그런 거지, 뭐." "뭘 그런 걸 갖고 삐치고 그러냐?"며 자신의 실수를 덮으려 하지만 이미 내뱉은 말은 상대방의 영혼에 치명타를 가했다는 사실을 알아야 합니다. 그래서 우리는 결혼 전부터 아무리 화가 나도 상대방의 아픔을 건드리지 않는 인품, 타인의 핸디캡을 감싸 주는 성품 훈련을 주님 안에서 할 필요가 있습니다. 결혼생활은 자신의 성품이 그대로 드러나는 현장이기 때문입니다.

이런 성품이 훈련되면 부부 침실은 더욱 아름다울 수밖에 없습니다. 사람은 누구든 건드리면 수치심을 느끼는 부분들을 갖고 있습니다. 그리고 남자로서의 자존심, 여자로서의 자존심만큼은 지키고 싶어 합니다. 남자의 경우는 부부 침실에서 강인한 남성성을 보여 주고 싶어 하고, 여자는 자신만의 여성스러움을 보여 주고 싶어 합니다. 그런데 문제는 우리들이 잘못된 남성다움, 잘못된 여성다움의 편견을 갖고 있는 까닭에 그 기준에 미치지 못하는 남성, 여성들을 무시한다는 사실입니다. 이런 잘못된 편견은 그 사람이 갖고 있는 진정한 남성다움과 여성다움을 짓밟아 버립니다.

남자라면 적어도 1미터 80센티미터 정도의 큰 키와 탤런트 차인표 같은 눈빛, 권상우 같은 몸매를 지녀야 한다는 생각이 얼마나 큰 편견입니까? 여자라면 몸짱 아줌마 정도의 날씬하고 육감적인 몸매와 상냥한 애교, 완벽한 음식솜씨를 가져야 한다는 생각은 얼마나 이기적인 잣대입니까? 조금 뚱뚱하다고 여자답지 못한 것도, 조금 키가 작다고 남자답지 못한 것도 아닙니다. 사람은 누구나 그 자신만의 매력이 있고, 장단점을 갖고 있습니다. 문제는 남자다움이나 여자다움에 대한 편견 없이 상대방이 갖고 있는 여성다움, 남성다움의 매력을 얼마나 사랑스럽게 바라보느냐입니다.

가정사역을 하면서 이런 사실들을 확인할 수 있었습니다. 왜소한 남편,

뚱뚱한 아내로 구성된 부부가 있었습니다. 그들은 어느 부부보다 금슬이 좋았는데, 세미나에 참가하고 나서 내게 이런 말을 남겨 주었습니다.

"저는 한 번도 남편이 남자답지 못하다고 생각한 적이 없어요. 저는 언제나 남편에게서 유일한 남자의 느낌을 받아요. 어떤 때는 '남자란 원래 이렇게 왜소해야 남자다운 거야'라는 생각까지 들어요. 호호."

뚱뚱한 아내를 둔 그집 남편도 아내에게 뒤지지 않았습니다.

"이 사람이야말로 제게 분에 넘치는 사람이에요. 모습부터가 복스러운데 하는 일들도 참말로 복스러워요. 이 사람이 있어서 우리 집이 이만큼 복을 받았다는 생각이 든다니까요."

부부라면 적어도 이 정도는 되어야 하지 않겠습니까? 상대방의 핸디캡을 핸디캡으로 생각하지 않을뿐더러 그것을 오히려 칭찬해 주면 부부 침실은 더욱 아름다워집니다. 서로를 가장 아름답고 멋진 여자와 남자로 바라봐 줄 때 부부는 서로에게 맘껏 남자다움과 여자다움을 표출할 수 있습니다. 이럴 때 부부 침실엔 진정한 축복이 찾아옵니다.

우리 집에서도 이런 일이 있었습니다. 비교적 몸매가 날씬한 편에 속하는 아내가 어느 날 거울 앞에서 걱정을 합니다.

"여보, 아랫배가 너무 튀어 나왔어요. 어떡하지? 이건 성형수술도 안 되잖아요?"

아닌 게 아니라 아내의 말은 사실이었습니다. 아내의 아랫배를 보니 날씬하기만 했던 배가 쑥 튀어 나와 있었습니다. 예전에는 엉덩이가 나온 몸매였는데 어느덧 세월의 힘에 의해 아내의 몸은 전체적으로 앞으로 쏠려 있었습니다. 나는 주저하지 않고 아내의 몸을 칭찬해 주었습니다.

"여보, 여자가 아이를 셋이나 낳고 쉰이 넘었으면 당연히 아랫배가 나와야지. 그게 정상인 거야. 여자는 옵션이 많으니까 이제 그 옵션이 능력을 발휘해서 밖으로 튀어 나오는 거라고. 처녀 때는 옵션이 많아도 근육이 튼튼해서 탁 밀어붙이면 그만이지만, 중년 이후에는 그게 안 되잖아. 그러니까 괜찮아. 정상이라고, 정상!"

그래도 아내는 슬픈 표정입니다.

"이건 부끄러운 게 아니야. 당신이 우리 아이들을 위해 희생하고 헌신한 아름다운 훈장이라고 생각해. 나는 지금의 당신 그대로가 좋아. 얼마나 좋냐? 쿠션처럼 푸근하고 …"

아내의 배를 어루만지며 달래 주자 아내 얼굴이 금세 환해졌습니다. 그래서 나는 그날부터 잠자리에 들 때마다 아내의 아랫배를 만지며 포근하고 편안한 내 느낌을 얘기해 주었습니다.

"당신 배를 만지면 왜 이렇게 좋지?"

아내와 남편은 이런 관계입니다. 서로의 핸디캡이 더 이상 부끄럽거나 수치스럽지 않은 관계입니다. 둘은 더 이상 둘이 아니라 한 몸이기 때문입니다. 만약 어떤 사람이 자신의 눈가에 생기는 주름살을 보면서 이렇게 말한다고 생각해 보십시오.

"어이구~ 주름살은 주글주글, 아랫배는 튀어 나오고, 눈은 옆으로 찢어지고… 니 인생도 이제 끝이구나. 넌 사랑받을 자격이 없어. 엉덩이는 또 왜 그렇게 처졌냐? 허리는 왜 그렇게 구부정해. 쓸모없는 할망구 같으니라고."

어떻습니까? 이런 사람이 아름답습니까? 자신을 사랑하지 못하는 사람은 다른 사람을 사랑할 수 없습니다. 반대로 상대방을 사랑할 줄 아는 사람,

상대방의 핸디캡도 수용할 줄 아는 사람은 자신을 진정으로 사랑할 줄 아는 사람입니다. 여러분은 어떻습니까? 나 아닌 다른 사람의 핸디캡을 보면 감싸 주십니까? 비난하십니까? 결혼에 앞서 나는 어떤 사람인지, 그것부터 살펴보시기 바랍니다.

> "이와 같이 남편들도 자기 아내 사랑하기를 제 몸같이 할지니 자기 아내를 사랑하는 자는 자기를 사랑하는 것이라"(엡 5:28).

갈등 앞에 쉽게 손들지 말라

결혼생활을 지속한다는 것, 서로 변함없는 사랑을 유지한다는 것은 쉬운 일이 아닙니다. 우리 인생에 불어 닥치는 그 수많은 파도를 이겨 내며 함께 살아가는 일은 결코 쉽지 않습니다. 하나님께선 서로 사랑하기를 원하시지만, 서로를 이간시키려는 존재는 부부를 그냥 두지 않기 때문입니다. 서로에게 주어진 과제와 역경들, 함께 이겨 내야 할 고난들, 서로의 인내를 요하는 부분들이 부부의 사랑을 시험합니다. 그 시험 속에서 부부는 갈등을 일으킵니다.

이러한 갈등은 성경에서 이미 나온 것입니다. 인류의 첫 범죄 사건이 어디에서 일어납니까? 가정에서 일어납니다. 인류 최초의 여자 하와가 뱀의 꼬임에 의해 선악과를 따 먹는 데서 시작됩니다. 하와는 선악과를 따 먹은 후 그것을 남편에게 줍니다. 그러자 남편인 아담의 눈이 밝아집니다. 죄악으로 밝아집니다. 천진난만했던 세대가 죄악으로 눈이 열리자 금세 어떤 변화가 일어났습니까? 아담과 하와에겐 수치심과 부끄러움이 생겨났습니다. 죄로 인한 결과입니다. 그 둘은 서로의 벗은 몸이 부끄러워 숨었다고 했습니다. 서로에게 가릴 게 없는 사이였는데 이제 그 둘은 서로를 가리기 시작합니다. 죄의 결과물입니다. 또한 서로를 원망하고 탓합니다.

> "가라사대 누가 너의 벗었음을 네게 고하였느냐 내가 너더러 먹지 말라 명한 그 나무 실과를 네가 먹었느냐 아담이 가로되 하나님이 주셔서 나와 함께하신 여자 그가 그 나무 실과를 내게 주므로 내가 먹었나이다 여호와 하나님이 여자에게 이르시되 네가 어찌하여 이렇게 하였느냐 여자가 가로되 뱀이 나를 꾀므로 내가 먹었나이다"(창 3: 11–13).

아담은 하와 때문에, 하와는 뱀 때문에 저지른 일이라고 변명합니다. 원망과 미움과 다툼이 시작되고 있는 것입니다. 서로에게 죄를 전가시키는 그들에게서 이미 죄로 오염된 인류의 모습을 볼 수 있습니다. 하나님께선 이런 아담과 하와를 그냥 두고 보지 않으셨습니다.

> "또 여자에게 이르시되 내가 네게 잉태하는 고통을 크게 더하리니 네가 수고하고 자식을 낳을 것이며 너는 남편을 사모하고 남편은 너를 다스릴 것이니라 하시고"(창 3: 16).

만약 하와가 범죄 하지 않았다면 해산할 때 이랬을지도 모릅니다.
"우리 애 낳을까?"
"그러자."

"쑥!"

"어, 애가 나왔네."

아마 이러지 않았겠습니까? 그런데 인류의 범죄 이후 모든 여성들은 해산의 고통을 안고 아기를 낳아야만 했습니다. 또한 모든 여자는 남편을 사모하게 되었습니다. 여기서 '사모한다' 는 말은 '사랑한다' 는 뜻이 아닙니다. 남편의 위치와 직책을 의지하고 기댄다는 말입니다. 여자가 결코 뺏을 수 없는 남편으로서의 권위와 직책이 있다는 말입니다. 곧 '사모한다' 는 말 속에는 그것을 뺏고 싶을 정도로 흠모한다는 의미가 포함되어 있습니다. 오늘날 여성해방운동을 보면 이 말의 의미가 실감 납니다. 남자의 존재를 세워 주고 가장의 위치를 존중해 주는 게 아니라 남자를 지배하자는 방향으로 흐릅니다. 남자와 여자의 관계를 뺏고 뺏기는 관계로 규정합니다. 이는 하나님이 뜻하신 바를 파괴하는 행위입니다. 남성들이 여성들을 억압해 왔던 역사는 분명 잘못되었지만, 그렇다고 해서 남자의 가치와 위치를 깎아내리고 경쟁관계로 규정하는 것은 하나님의 섭리에 어긋난 모습입니다.

비록 원죄를 갖고 태어나긴 했지만 우리 인류는 하나님의 뜻 안에서 서로 조화를 이루며 사랑하며 사는 법을 알고 있습니다. 성경의 원리대로 살아가면 백년해로가 가능하다는 것을 알고 있습니다. 그런데도 우리는 이 원리에 불순종하며 서로를 미워합니다. 심지어 결혼한 지 얼마 안 된 부부도 사랑관계에서 갈등관계로 모습을 바꿉니다. 뺏고 뺏기는 관계를 지속시킵니다. 결혼 전에는 "난 네가 기뻐하는 일이라면 뭐든지 할 수 있어"라고 했던 사람들이 결혼 후에는 "난 네가 기뻐하는 일이라면 절대로 할 수 없어"로 뒤바뀝니다. 아내는 남편의 권위를 짓밟습니다. "네까짓 게 뭘 할 수 있어. 쥐꼬리만한 월급 받으면서 뭐가 그렇게 잘났다고 큰소리야!"라고 소리칩니다. 아이들에게도 아버지의 권위를 무너뜨리는 발언을 서슴지 않습니다. 남편 역시 아내에게 폭력과 폭언으로 응수합니다. "나니까 널 데리고 살지. 이 곰탱이 같은 여편네야." "네가 제대로 할 줄 아는 게 뭐 있냐?" "도대체 아이들 교육을 어떻게 시켰길래 저 모양이야. 집안 돌아가는 꼴 하고는…" 모든 것을 "잘 되면 내 덕분, 안 되면 네 탓"이라 말합니다.

이러다 보니 이혼율이 급증합니다. 죄악의 구조 속에서 오늘날 한국의 이혼율은 40퍼센트를 넘어 서고 있습니다. 이러한 현실은 결혼을 앞둔 우리들에게 심각한 경종을 울린다는 사실을 간과해선 안 됩니다. 무엇이 문제인지 볼 줄 아는 지혜가 필요합니다. 헤어지려고 결혼하는 사람은 아무도 없습니다. 그런데도 거의 두 쌍 중 한 쌍이 이혼하는 실태를 우리는 진지하게 바라볼 필요가 있습니다.

안타깝게도 현대를 사는 사람들은 갈등 앞에 너무 쉽게 손을 듭니다. 심지어 헤어질 수밖에 없는 갈등 요인들을 스스로 만들기도 합니다. 자신을 관리하지 못해 경제문제, 여자문제, 인간관계 문제를 가정 안에까지 끌어옵니다. 자신을 통제하는 능력이나 남에 대해 인내하는 능력이 극도로 약해져 버렸습니다. 이것이 우리의 현실입니다. 그래서 우리는 결혼을 앞두고 진지하게 기도해야 합니다. 나나 상대방의 결혼관이 어떠한지, 위기관리 능력이 얼마나 되는지, 서로에 대한 믿음의 깊이가 어떠한지를 바라보며 결혼을 준비해야 합니다.

그리고 이미 결혼에 이르렀다면 최선을 다해 갈등을 이겨 내야 합니다. 이미 한 몸이 되었기에 상대방이 당하는 고난을 나의 고난으로 인식하고,

서로의 문제를 함께 풀어 가려는 자세를 가져야 합니다.

문제 해결을 위해서 때로는 부부싸움을 해야만 할 때가 있습니다. 싸움을 감수하면서 더 좋은 부부관계를 가꾸어 가야 할 때가 있습니다. 그래서 '잘 싸울 줄 아는 부부가 건강한 부부' 라고 했습니다. 이것은 자주 싸우라는 게 아니라, 한 번을 싸우더라도 지혜롭게 싸우라는 뜻입니다. 싸움을 통해 문제를 해결할 줄 알라는 뜻입니다. 갈등이 생겼을 때 무조건 참는다거나, 헤어질 결심을 하고 싸우지 말고 잘 살 결심을 하고 싸우라는 말입니다.

이렇게 결혼생활을 지속하기 위해서는 많은 지혜가 필요합니다. 기도가 필요합니다. 인내가 필요합니다. 이는 곧 가정을 지키는 일이 다른 어떤 일보다 귀하다는 뜻이기도 합니다. 세상엔 가정만이 줄 수 있는 안식과 위로와 기쁨이 있습니다. 축복된 가정을 들여다보십시오. 그런 가정 안에는 갈등을 해결하는 지혜와, 고난을 이겨 내는 능력과 아픔을 이겨 내는 성숙과, 서로를 위로하는 따뜻한 사랑이 있습니다. 그 안에서 장차 온 산하를 푸르게 물들일 새싹들이 건강하게 자라 갑니다. 가정이 없으면 미래가 없습니다. 축복된 가정이 축복된 미래를 만듭니다. 그래서 우리는 가정을 준비하는 일에 최선을 다해야 합니다. 아름다운 가정을 꾸리는 일은 하나님께서 우리에게 주신 첫 번째 사명이기도 합니다.

세상의 빛과 소금을 키워 내라

성경은 하나님께서 가정을 얼마나 소중하게 여기시는지를 처음부터 끝까지 보여 줍니다. 창세기 2장 이후 갈등관계 속에 빠졌던 가정의 모습은 예수님의 공생애 사역 초기에 다시 축복의 모습으로 나타납니다. 예수님께서는 공생애 사역을 시작하시면서 맨 처음 가나혼인잔치에 참석하심으로써 가정을 축복하는 하나님의 뜻을 보여 주셨습니다. 또한 요한계시록 21-22장을 보면 예수님께서 재림하실 때를 묘사하면서 신부인 교회와 신랑 되시는 예수님의 혼인예식으로 새 하늘과 새 땅 즉, 영원한 하늘나라의 모습이 펼쳐집니다. 하나님은 창세기부터 요한계시록까지 가정이라는 관계를 통해 그분의 비밀한 뜻을 보여주고 계신 것입니다. 이것은 우리의 아름다운 가정을 통해 하나님께서 영광 받으시겠다는 뜻이기도 합니다.

그러면 어떻게 해야 그런 가정을 이룰 수 있을까요? 예수 그리스도의 향기가 나는, 하나님의 영광이 충만히 임하는 가정을 어떻게 하면 이룰 수 있을까요? 성경대로, 하나님의 뜻대로 가정을 설계한다면 이룰 수 있습니다. 여자를 향한 남자의 그리스도적인 사랑과 남편을 위한 아내의 돕는 배필로서의 모습, 부모를 향한 자녀의 순종과 자녀를 향한 부모의 훈계가 살아 있으면 그 가정은 하나님의 영광이 충만히 임하는 가정이 되고도 남습니다.

어떻습니까? 여러분은 이런 가정을 이루고 싶지 않습니까? 현숙한 여인을 얻어 결혼하고 싶지 않습니까? 성경에서는 "아내를 얻는 자는 복을 얻고 여호와께 은총을 받는 자니라"(잠 18:22)고 말씀합니다. 또한 "집과 재물은 조상에게서 상속하거니와 슬기로운 아내는 여호와께로 말미암느니라"(잠 19:14)고 말씀합니다. 여호와께로 말미암는 이런 축복을 얻어 누리고 싶지 않습니까? 지혜로운 여인이 되어 집을 세우고 싶지 않습니까?

"무릇 지혜로운 여인은 그 집을 세우되 미련한 여인은 자기 손으로 그것을 허느니라"(잠 14:1).

이런 여인과 멋진 형제의 만남은 우리 시대의 빛과 소금을 그 가정 안에서 잉태하고 키워 냅니다. 그 자녀가 예수 그리스도의 장성한 분량까지 이르도록 기도합니다. 그래서 가정은 우리 시대의 소망입니다. 맥아더가 쓴 '아버지의 기도'를 읽어 보십시오. 믿음의 가정이 왜 우리 시대의 소망인지를 잘 보여 줍니다.

내게 이런 자녀를 주소서
약할 때에 자기를 돌아볼 줄 아는 여유와
두려울 때에 자신을 잃지 않는 대담성을 가지고
정직한 패배에 부끄러워하지 않고 태연하며
승리에 겸손하고 온유한 자녀를 내게 주소서

생각할 때에 고집하지 않게 하시고
주님을 알고 자신을 아는 것이 지식의
기초임을 알게 하소서

자기 자신에게 지나치게 집착하지 말게 하시고
겸허한 마음을 갖게 하사
참된 위대성은 소박함에 있음을 알게 하시고
참된 지혜는 열린 마음에 있으며
참된 힘은 온유함에 있음을 명심하게 하소서
그리하여 나 아버지는

어느 날 내 인생을 헛되이 살지 않았노라고
고백할 수 있도록 하소서
예수님의 이름으로 기도 드립니다. 아멘

믿음의 가정은 이런 기도를 주님 앞에 올립니다. 세상을 밝힐 믿음의 역군을 키워 냅니다. 자자손손 예수님만을 주님으로 인정하며 하나님의 축복을 받습니다. 사랑과 겸손과 온유의 자녀를 키워 내어 이 사회를 밝힙니다. 믿음의 계보를 이어 갑니다. 영원한 하나님 나라에 들어가기까지 가족 구성원들 모두는 예수님의 편지가 되어 세상을 변화시킵니다.

우리는 적어도 이런 꿈을 안고 결혼에 들어가야 합니다. 단순히 서로 좋아서 함께 같이 살기 위해 결혼하는 것이 아니라 하나님의 영광스런 사명을 안고 결혼하는 것입니다. 그래서 우리는 결혼을 꿈꿔야 합니다. 어딘가에 있을 내 짝과의 만남을 소망해야 합니다.

사랑방 통신

1. 결혼은 하나님이 설계하신 가장 완벽한 프로그램입니다.
2. 돕는 배필이란, 우리를 돕는 성령의 역할을 빗댄 것으로서 결코 열등 개념이 아닙니다.
3. 남자는 하나님 앞에 온전히 서기 위해서라도 돕는 배필이 필요합니다.
4. 섬김을 받으려고 결혼한다면 불행해질 확률이 거의 100%입니다
5. 행복한 결혼생활을 위한 5계명을 기억하십시오

'멋진 형제'가 '현숙한 자매'를 만납니다

지금까지 나는 데이트와 성, 사랑의 상처와 결혼에 관한 이야기들을 했습니다. 이 이야기들을 하면서 부디 청년 여러분들이 멋지게 데이트를 즐기고 뜨겁게 사랑하여 아름다운 가정을 이루기를 소망했습니다. 이 글을 읽는 동안 마음속에 그런 소망을 품은 형제, 자매들에게 반드시 소망의 열매가 맺히기를 기도합니다.

그런데 그 소망의 열매를 맺기 위해서는 한 가지 전제되어야 할 것이 있습니다. 우리 자신이 먼저 참된 신랑, 신부로서 준비되어야 한다는 사실입니다. 자신의 매력을 상대에게 잘 어필해서 데이트에 이르고, 멋진 데이트 끝에 결혼해서 아름다운 가정을 이루기 위해 이러한 준비는 필수입니다. 현숙한 여인을 만나려면 나 자신이 먼저 멋진 형제가 되어야 합니다. 그리스도의 사랑을 품은 형제를 만나고 싶다면 내가 먼저 현숙한 자매로 준비되어야 합니다. 나의 성품과 인품, 나의 믿음과 사랑, 비전과 소망, 습관과 영적 훈련의 상태가 어떠한지 살펴봐야 합니다. 더욱 성숙한 믿음으로, 더욱 아름다운 인품으로 훈련시켜 나가야 합니다.

　여러분이 현재 고치지 못하는 나쁜 습관, 이기적인 태도, 믿음 없는 행동들이 훗날 여러분의 아름다운 가정을 파괴하는 주범입니다. 그것은 여러분뿐만 아니라 사랑하는 가족들에게 큰 고통거리로 작용할 것입니다. 그러므로 더욱더 두려워해야 합니다. 도박 중독, 게임 중독, 인터넷 중독, 심지어 섹스 중독에 빠진 아버지의 습관이 결코 하루아침에 이루어졌다고 생각하지 마십시오. 청년의 시기에 성령의 열매인 '절제' 를 배웠다면 그는 절대로 각종 중독증으로 가정을 무너뜨리는 아버지가 되지 않았을 것입니다.

　'희락' 이 없습니까? 아직 구원의 확신도 없고, 왜 기뻐하며 살아야 하는지 모르진 않습니까? 어떤 시련이 와도 여유를 잃지 않고, 서로를 격려하며 웃을 수 있는 가정 안에는 '희락' 의 열매를 거둔 어머니나 아버지가 있습니다. 가정 안에 웃음을 꽃 피우는 그 사람들은 청년의 시기에 기쁨의 비결을 배운 사람들입니다.

　현재 내가 고질적인 게으름에서 벗어나지 못하고 있습니까? 나 한 사람의 게으름은 훗날 가족 모두의 게으름을 낳고, 가족 모두에게 고통을 안겨줍니다. 무심코 남에게 상처 주는 말을 자주 하지는 않습니까? '욱'하는 성격에 남의 가슴을 할퀴는 버릇이 아직도 여전하지 않습니까? '어떻게 하면 상대를 즐겁게 할까?'를 고민하기보다는 '어떻게 하면 내가 즐거울까?'를 고민하는, 언제나 나 중심적인 사고방식을 갖고 있지는 않습니까? 사소한 버릇 하나가, 사소한 생각의 차이 하나가 훗날의 내 가정을 고통 속으로 몰아넣을 수 있다는 사실을 우린 알아야 합니다.

고치는 방법은 여러 가지입니다. 예수님과 함께라면 어떤 방법이든 좋습니다. 조급해하지는 마십시오. 우리가 많은 문제가 있어도, 주님께서는 그것을 당장 뜯어 고쳐야 할 문제로만 보시지 않습니다. 문제 속에 내재된 진주보다 아름다운 모습들을 닦고 만져 주십니다. 우리가 그 문제를 바라보고 복음 안에서 소망을 가지며, 믿음생활을 지속적으로 해 나갈 때 주님께서는 어느덧 우리를 아름답게 변화시켜 놓으십니다.

"너는 범사에 그를 인정하라 그리하면 네 길을 지도하시리라"(잠 3:6).

주님께서는 내가 주님의 지도를 받는 시간 속에서 아름다운 사람도 만나게 해 주십니다.

예부터 '유유상종'이란 말이 있습니다. 비슷한 사람끼리 어울린다는 말입니다. 내가 겸손할 때 겸손한 사람을 알아봅니다. 내가 사랑의 눈을 가질 때 사랑 깊은 사람을 만날 수 있습니다. 내가 믿음에 굳게 서면 믿음에 성숙한 사람이 좋아집니다. 내가 섬김의 삶을 살면 섬김의 사람이 내게 다가옵니다. 만남의 신비는 이토록 놀랍습니다. 내가 먼저입니다. 내가 먼저 주님 앞에 굳게 섭시다. 그리고 기도하십시오.

"하나님, 어딘가에 있을 제 배우자를 지켜 주시고 날마다 주님 앞에 성장시켜 주십시오. 그리고 나에게도 동일한 은혜로 함께하여 주옵소서."

만남의 시기는 빠를 수도 있고, 느릴 수도 있습니다. 하나님께서 쓰시는 드라마 대본 속에 나의 데이트 시절이 다소 늦게 나온다고 해서 슬퍼할 이유는 없습니다. "Best는 Last!"라는 믿음으로 여유 있게 배짱을 가져 보십시오. 배우자를 만나기 위해 스스로를 계속 준비시키되, 아직 배우자를 못 만난 것을 '내가 아직 준비가 덜 되어서…'라는 식으로 비하할 필요는 없습니다. 배우자를 만난 이후에도 우리 자신은 언제나 주님 앞에 변화되고 성숙되어야 할 존재이기 때문입니다.

준비하면서 기다리는 삶은 아름답습니다. 기름을 준비한 다섯 신부를 보십시오. 그들은 신랑이 늦게 올 수도 있다는 사실을 감안하면서도 반드시 올 것을 믿었기에 기름을 준비할 수 있었습니다. 그래서 그 만남은 더욱 감격적이었습니다.

"그때에 천국은 마치 등을 들고 신랑을 맞으러 나간 열 처녀와 같다 하리니 그 중에 다섯은 미련하고 다섯은 슬기 있는지라 미련한 자들은 등을 가지되 기름을 가지지 아니하고 슬기 있는 자들은 그릇에 기름을 담아 등과 함께 가져갔더니 신랑이 더디 오므로 다 졸며 잘새 밤중에 소리가 나되 보라 신랑이로다 맞으러 나오라 하매 이에 그 처녀들이 다 일어나 등을 준비할새 미련한 자들이 슬기 있는 자들에게 이르되 우리 등불이 꺼져가니 너희 기름을 좀 나눠 달라 하거늘 슬기 있는 자들이 대답하여 가로되 우리와 너희의 쓰기에 다 부족할까 하노니 차라리 파는 자들에게 가서 너희 쓸 것을 사라 하니 저희가 사러 간 동안에 신랑이 오므로 예비하였던 자들은 함께 혼인 잔치에 들어가고 문은 닫힌지라"(마 25:1-10).

이 말씀은 물론 천국에 대한 비유이지만, 우리는 이 말씀을 통해 언제 가 될지 모르는 배우자와의 만남에 대해서도 배울 수 있습니다. 준비만 되어 있다면 시기가 늦어진다고 해서 조급할 이유가 하나도 없습니다. 때가 되면 멋진 신랑이 그 등불을 보고 뜨겁게 달려올 것입니다.

이미 배우자를 만난 분도 있을 겁니다. 그렇다면 이젠 가정을 위한 구체적인 설계도를 그리십시오. 가정 안에 믿음과 소망과 사랑이 피어날 수 있도록 지금부터 기도하십시오. 행복한 가정을 이루기 위해 내가 주님 앞에 무엇을 준비해야 하는지 점검하십시오. 가정이 살면 교회가 살고, 교회가 살면 인류가 살아납니다. 그 가정의 출발은 한 여자와 남자의 만남에서 비롯됩니다. 그 만남이 사랑의 관계가 될 때, 아름다운 가정의 모습이 눈부시게 펼쳐질 것입니다. 이를 위해 서로 믿음 안에서 사랑하시기 바랍니다. 서로 진실하게 사랑하세요. 멋진 미래가 여러분에게 펼쳐질 것입니다.

이 사랑은 많은 물이 꺼치지 못하겠고
홍수라도 엄몰하지 못하나니
사람이 그 온 가산을 다 주고 사랑과 바꾸려 할지라도
오히려 멸시를 받으리라 (아 8:7).